揭秘大歷史◆歷史大揭秘

皇帝◆女王都是這麼火辣

徐永亮 著

前言

令人不敢逼視的火辣宮廷

世上有兩部歷史，一部是滿紙假話的歷史，是給皇太子看的；一部是大膽揭露秘密的歷史，它才能還原歷史的本來面目……

——法國・巴爾札克

如果你熱愛歷史，又喜歡研究歷代帝王，你會發現，並不是所有的帝王都是如表面上看到的那樣英明有爲，相反地，胡作非爲、殘暴淫亂的「敗家子」多的是。通常能夠留芳萬古，爲後世人們敬仰歌頌的，大多都是創業之主、開國元勳，因爲深知創業惟艱、守成不易，所以會恪守本分，事事三省吾身，再加上身旁功臣名士的建言，因而國勢盛隆、蒸蒸日上；然而，一旦傳至「富二代」、「富三代」後，由於這些天之驕子長久處於安逸富裕的日子，早已忘記祖訓，整日不務正業，只知沉迷於享樂，國運自然每況愈下，漸至亡國。

看看歷史上有哪些例子吧。好比坐擁三宮六院還不夠，還覬覦自己弟媳的唐太宗、接收兒媳的唐明皇；把閹宦當成父母、把寵臣當成手足的北魏孝文帝；或是不愛年輕美女，

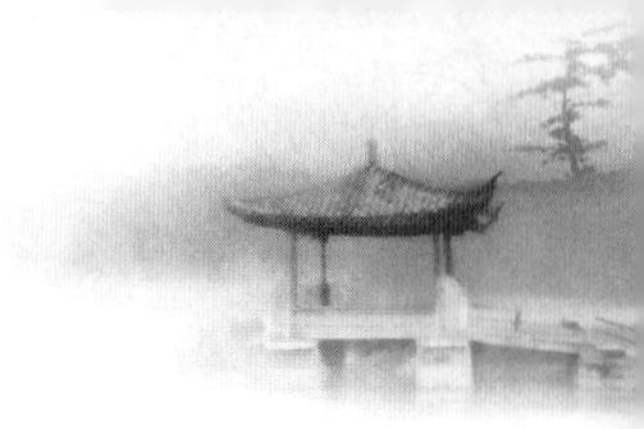

卻沈迷於男色的漢哀帝，爲了男寵竟不惜割袍斷袖，也算是史上少見。還有戀母情結已到不可救藥的明憲宗。更不用說因爲貪戀美色、荒淫無道而導至亡國的帝王，更是不計其數。讓人看了不禁火冒三丈、捶胸扼腕，恨不得取而代之。

這些千奇百怪的事不單發生在中國，在西洋史中亦是屢見不鮮。如爲了擺平剪不斷理還亂的婚姻關係，而不惜另創教派，與教廷決裂的亨利八世；在戰場上叱吒風雲、不可一世的凱撒大帝，最後竟是死於自己的私生子之手。

而在一向以男權掛帥的歷史洪流中，幾位女王的表現絲毫不讓男士專美於前，且更爲突出、令人矚目。如稱霸大唐的女主武則天；獨攬皇權的東漢鄧太后，乃至垂簾聽政、引起八國聯軍的慈禧太后堪爲代表；而西方的女中豪傑，則有使英國成爲日不落帝國、締造驚人輝煌時代的維多利亞女王；豔冠群芳，至今無人能敵的埃及豔后；或是使英格蘭成爲歐洲最強大和最富有國家之一的伊莉莎白一世，她們不只作風強悍，其決策之果斷、手段之狠辣，更是讓男人都不得不爲之佩服。

想知道還有哪些帝王辛辣無比，就快翻開本書一探究竟吧！

皇帝◆女王都是這麼火辣

目錄

皇帝◆女王都是這麼火辣

目錄

孝文帝的後宮醜聞

北魏孝文帝元宏（四六七年至四九九年），本姓「拓跋」，是北魏獻文帝拓跋弘的長子，北魏第七位皇帝，後改姓「元」，在位廿八年，享年三十三歲，他去世後，謚號孝文皇帝。

北魏孝文帝拓跋宏初即位時，由馮太后臨朝稱制。拓跋宏秉性孝謹，事無論大小，都先稟明太后。拓跋宏本後宮李夫人所生，由馮太后撫養成人。馮太后堅守子貴母死之制，除賜死儲君拓跋宏的親母李氏以外，甚至誅戮了李氏全族。拓跋宏終生都不知自己爲誰所生，但他自幼在馮太后身邊長大，視祖母如生母一般。

拓跋宏從懂事起，便在母權的威懾下，如臨深淵、如履薄冰地做著他的皇帝，而這皇帝更多意義上是名義上的。馮太后四十九歲時病死。拓跋宏哀痛異常，一連五天不吃飯也不睡覺。群臣極力勸諫，才喝了一碗粥。但據馮太后生前的所作所爲，拓跋宏的孝思實在讓人不理解。

馮太后活著的時候，因爲拓跋宏英敏過人，恐怕於自己大權獨攬不利，曾在嚴寒的冬季，將拓跋宏幽禁在空房子裏，三天不給飯吃，並一度打算把他廢去。多虧諸大臣反對激烈，才將他放出來。後來因權閹暗中讒構，使拓跋宏無故受杖刑，拓跋宏卻毫不介意。

此時喪期已過，拓跋宏還是整日像個婦女一樣哭泣不休，群臣都私下議論而略有不齒。司空穆亮進諫說：「天子以父爲天，以地爲母，兒子悲哀過甚，父母必定不悅，今年冬天極寒，想必是陛下過哀所致，願陛下穿平常的衣服，吃平常的食物，以使天人和諧。」拓跋宏卻下詔辯駁說：「孝悌至行，無所不通。現在天氣反常，是因爲誠心不夠，你所說的話我不理解。」

馮太后想讓自己家族累世貴寵，特地選馮熙的兩個女兒充入掖廷。後宮的林氏，生了皇子拓跋恂，拓跋宏打算廢去子貴母死的故例，不讓林氏自盡，但馮太后不肯答應，迫令林氏自殺。馮熙的次女馮姍爲皇后，長女馮妙蓮爲昭儀。原因是馮妙蓮非馮熙的正妻所

生，所以地位自然比妹妹低一等。

皇后馮姍頗有德操，昭儀馮妙蓮卻獨工姿媚，拓跋宏開始很尊重皇后，但論玉貌花容，馮姍卻比不上馮妙蓮。所以馮妙蓮獨得寵幸。拓跋宏除視朝聽政外，幾乎每時每刻都在馮妙蓮那裏。輕佻活潑的姐姐在爭寵中戰勝了性格厚重的妹妹。皇后如同寂寞長門，不免自嘆紅顏命薄。

馮妙蓮寵極專房，視妹妹馮姍如眼中釘，見了皇后也因輕視而不行妾禮。馮姍雖性情平和，但內心也十分愧恨。馮妙蓮每當與拓跋宏在枕席私談，說盡了皇后的種種不是壞處，譖構百端，拓跋宏怒上加怒，就把皇后廢了，貶入冷宮。後來馮姍乞請居瑤光寺爲尼，青燈孤影度過了餘生。

馮妙蓮讒謀得逞，正位皇后，本來是魚水諧歡的好時辰。可恨拓跋宏連年在外爭戰，顧不上回宮，馮妙蓮淒涼地空守孤幃。有一個叫高菩薩的閹宦，其實是冒名頂替而來，生理機能與常人無異，而且容貌頎皙，資性又聰明，還善解人意。馮妙蓮對他很加愛寵。

高菩薩見馮妙蓮寂寞，便刻意挑逗，引起馮妙蓮的欲火，便讓他侍寢，權充一對假鴛鴦。誰知他發硎一試，久戰不疲，馮妙蓮久旱逢甘露，真是喜出望外。從此兩人朝歡暮樂，不知今夕何夕。高菩薩真是床第間的英雄，連番苦戰，愈戰愈勇，馮妙蓮像一朵花越摧殘越鮮豔，可謂是棋逢對手，將遇良才。好一個救苦救難的高菩薩！

但事情不久洩漏。拓跋宏的女兒彭城公主，嫁給劉昶的兒子爲妻。丈夫早亡，彭城公主年紀輕輕就守了寡。馮太后要她改嫁太后的親弟馮夙，彭城公主十分不願，悄悄地挈婢僕十數人，乘輕車冒雨進見拓跋宏，說起皇后與高菩薩私通的事。拓跋宏聽了憂憤交集。

拓跋宏回到洛陽，拘捕高菩薩當面審問。高菩薩受刑不起，才據實招供，並說出馮妙蓮魘禳等事。原來馮妙蓮怕彭城公主揭發她的陰私，召母親常氏入宮，求她托女巫魘禳，使拓跋宏早死，以另立少主，她就可以學已故的馮太后臨朝稱制。拓跋宏氣得發昏，令將高菩薩械繫室外，召馮妙蓮問訊。

馮妙蓮一見拓跋宏就變了臉色。拓跋宏令宮女搜檢馮妙蓮的衣服，搜到了一柄小匕首。拓跋宏大怒，喝令將馮妙蓮立即斬首。馮妙蓮淚流滿面，叩頭無數。拓跋宏命她先坐在離他兩丈遠的東窗下，讓高菩薩先說。待高菩薩說完，拓跋宏冷笑：「你聽見了？將你的妖術說來聽聽。」馮妙蓮欲言不言，大概還想使些神秘手段打動拓跋宏。她乞求先屏去左右，然後密陳。拓跋宏使宮中侍女都出去，只留下長秋卿白整。馮妙蓮還不肯說，含著一雙盈盈的淚眼，注視著白整。拓跋宏讓白整用棉花塞住兩耳，馮妙蓮嗚咽著說了與高菩薩的不倫之事。拓跋宏難忍憤怒，直唾在馮妙蓮的臉上，然後暫時將馮妙蓮還送到皇后宮裏。

可能拓跋宏尚顧念舊情，不忍將馮妙蓮廢死，只誅殺了高菩薩了事。廢后的敕書遲

遲不下。不久，拓跋宏得了大病，病骨支離，自知不起，召彭城王拓跋勰囑咐後事，最後說：「後宮久乖陰德，自尋死路，我死後可賜她自盡，惟葬用后禮，亦可掩馮門大過。」接著，拉住彭城王的手，喘息良久，撒手而去，時年三十三歲。

太子拓跋恪繼位，按遺囑派侍臣持毒藥入宮，賜馮后死。馮妙蓮見了毒藥駭走悲號：「官家哪有此事，無非是諸王恨我！」內侍把她拉住，強迫喝下毒藥自盡。魏主拓跋恪遵照遺言，用后禮葬馮妙蓮，謚爲幽皇后。

北魏拓跋歷史顯得單薄，史料遺存少，可能是由於其自身的文化內涵不夠豐富的緣故。許多東西只能依靠僅有的資料推測。北魏幾代君主都靠母后護持才能得位。史載孝文帝拓跋宏雅好讀書，手不釋卷，遍覽經史，善談莊老，平時愛奇好士，禮賢任能。也曾告誡史官說：「直書時事，無諱國惡，人主威福自擅，若史復不書，尚復何懼！」宮室必待破得不能再破了才修理，身上的衣服不知洗了多少遍。只因寵幸馮妙蓮，以致釀成宮闈醜事。

孝文帝的漢化政策

北魏孝文帝因受到馮太后的影響，非常喜歡漢人文化，為了融合胡人、漢人文化，以便以後統一中國，進行了許多重大的改革：首先是遷都洛陽。北魏原本的首都在平城，北魏孝文帝認為平城缺糧、人口稀少、離南方太遠，想要向南進攻實在太遠，而洛陽經濟富裕，又有運河可以四通八達，理應遷都，但卻遭到群臣極大的反對，於是他只好以南征為藉口，率領軍隊、文武官員南下，到洛陽就停止，隔年正式定都洛陽，也展開了一連串的漢化運動。

他的漢化措施包括：一、禁胡服。二、斷北語（鮮卑話）。三、鼓勵漢胡之間通婚。四、改姓氏。凡帝室及文武百官皆改為漢姓，如拓跋改為元。五、更定官制，制訂漢化官制。六、推廣文教，設各種學校，國子學、太學、四門小學，並徵求許多貴重散落的書籍來充實國家的圖書館，藉此提倡文教風氣。

助紂為虐的女人

紂王與妲己的荒唐秘事

紂王，名辛，帝乙的兒子，史稱紂王。商朝最後一任君王。曾平定東夷，使中原文化逐漸傳播到長江、淮河流域，奠定中國統一的規模。雖材力過人，然拒諫飾非、耽於酒色、暴斂重刑，導致民怨四起。後與周武王戰於牧野，大敗，自焚於鹿臺。

成語「助紂爲虐」是以商紂王作爲一切殘暴者的象徵，而俗語「妲己精」和「狐狸精」，則以妲己爲典故來咒罵陰毒淫蕩的女人。妲己是怎麼樣的人？年代久遠已不可考，史書也模糊其辭。如今只能從一些野史、小說筆記中收集一些傳說故事。

妲己是有蘇氏的女兒，殷紂王的妃子，嬖幸於紂王。她墨雲秀髮，杏臉桃腮，眉如春山淺黛，眼若秋波宛轉，勝似海棠醉日，梨花帶雨。紂王都朝歌，國號商。史書記載，紂王生性聰明，才力過人，徒手能格猛獸，身能跨駿馬，智足以拒諫，言足以飾非，常自以爲天下之人都不如自己。

相傳妲己不僅荒淫狐媚，而且性情殘忍，慫恿紂王設計出種種令人怵目驚心、慘無人道的酷刑，以欣賞別人被凌遲折磨至死的情景來刺激自己的性欲。紂王自進妲己之後，朝朝宴樂，夜夜歡娛，沉迷於妲己的美色，對她言聽計從，荒理朝政。

有一天，紂王與妲己在鹿臺上歡宴，三千六宮妃嬪聚集在鹿臺下，紂王命令她們脫去裙衫，赤身裸體地唱歌跳舞，恣意歡謔。紂王與妲己在臺上縱酒大笑。只有已故姜后宮中的嬪御七十二人，掩住臉流淚，不肯裸體歌舞。

妲己說：「這是姜后以前身邊的的宮女，怨恨大王殺了姜后，聽說私下打算作亂，以謀弒大王！妾開始不相信，現在看她們竟敢違抗大王的命令，看來謀反的傳聞不假！應當對她們施以嚴刑，好使其他人不敢起謀逆的心！」

紂王說：「什麼才稱得上嚴刑？」

妲己說：「依小妾之見，可以在摘星樓前，在地上挖一個方圓數百步，深高五丈的大坑，然後將蛇蠍蜂蠆之類丟進穴中，將這些宮女投入坑穴，與百蟲囓咬，這叫作蠆盆之

刑。」

紂王大悅，立即照妲己的話做了一個蠆盆，將這七十二名宮女一齊投入坑中，一時間，坑下傳出揪心的悲哀號哭。

紂王大笑：「要不是皇后的妙計，不能滅此叛妾！」

太子殷郊聽到這件事，忙去鹿臺進諫紂王說：「法令是爲人有罪而設，現在眾妾並沒有謀逆之罪，卻加以極慘的刑罰，這都是妲己誤惑聖聽，以致使天下百姓認爲父王是無道之君。請斬妲己，以正朝綱！」

妲己說：「太子與眾妾同謀，所以妄圖詆毀妾，請大王作主。」

紂王喝令侍衛錘死殷郊，比干慌忙勸阻說：「太子是國家的根本，不可隨意加刑！」紂王才沒有殺死太子，把他貶謫到荒遠的地方。

梅伯覲見紂王說：「姜皇后沒有過錯卻被處死，太子無罪過而被貶謫，請大王召回太子，復立東宮，臣願代死！」

妲己讒言道：「梅伯是太子一黨，因此才狼狽爲奸。」

紂王問：「那怎麼對付這些人？」

妲己說：「群臣輕侮大王的尊嚴，都是因爲刑法輕薄的原因！依妾之見，可鑄一個空心的銅柱，裏面燒火，外塗油脂，讓犯人裸體抱柱，皮肉朽爛，肋骨粉碎，如此他們才知

道畏懼，朝中也不再有奸黨了！」

紂王立刻依言豎立銅柱，將梅伯的衣服剝光，綁在銅柱上，頃刻間燒得肉焦骨碎，化爲灰燼。妲己又說：「可以再製一個銅斗，也加火在裏面。罪輕而不至於處死的，讓他們以手持熨斗，則手足焦爛，這樣可以區別法律的輕重。」

妲己聽到犯人的慘叫，就像聽到刺激感官的音樂一樣發笑。紂王爲了博得妲己一笑，濫用重刑。於是紂王立銅柱、銅斗各數十，置於殿前，凡有罪的大臣即加此刑。從此，沒有人再敢勸諫紂王了。

紂王與妲己見群臣畏刑不諫，更加恣意所爲，妲己與紂王旦夕荒淫歡宴。常宴於摘星樓，每宴飲者多至三千人，令男女裸體追逐其間，追逐戲謔。

妲己道：「這樣玩，時間長了沒意思，不妨在台下挖兩個坑穴，一個引酒爲池；一個懸肉爲林，令各嬪妃裸戲於酒池肉林，互相撲打，勝者浸死在酒池中，敗者投於蠆盆內。」

紂王大笑，依其言而行，每天宮女因此被折磨至死者不計其數。

紂王好酒淫樂，寸步不離妲己，妲己所稱讚的就以之爲貴，妲己所憎惡的就加以誅滅。紂王又在朝歌與邯鄲之間縱橫數千里內，每隔五里建一所離宮，每隔十里建一個別館，與妲己同乘逍遙車，白天在床上歡謔，夜裏張燈結綵，管弦歌韻，作長夜之飲。

一天在摘星樓上歡宴，時值隆冬，天寒地凍，遠遠地看見岸邊有幾個人將要渡河，兩三個老年人挽褲腿正淌在水中，但一些年輕人卻逡巡不敢下岸。紂王問妲己：「河水雖然冰寒，但老人尚且不畏，年輕人卻那麼怕冷，這是怎麼回事？」

妲己回答：「妾聽說，人生一世，得父精母血，方得成胎。若父母在年輕時生子，那時他們身體強健，生下的孩子氣脈充足，髓滿其脛，即使到了暮年，耐寒傲冷。假如父老母衰，老時才得子，那他們的孩子氣脈衰微，髓不滿脛，不到中年，便怯冷怕寒。」

紂王極爲驚訝：「竟然有這種事？」

妲己說：「大王不信的話，就將此一起渡河的人，砍斷他們的脛骨看一看便知。」

紂王就命人將過河的幾個人活捉到樓下，一人一斧斷去兩腿，果然老年的那些人髓滿，年少的卻骨空。

紂王大笑說：「愛妾料事如神！」

妲己說：「妾不但能辨老幼的強壯，即使婦女是否懷孕，妾一看就知道！」

紂王問：「怎麼才能知道？」

妲己說：「這也與父母的精血有關，男女交媾時，男精先至女血後臨，屬於陰包陽，因此會生男；如果女血先至父精後臨，就屬於陽包陰，生下的孩子必爲女。」

紂王不信，妲己曰：「大王不信妾的話，可以搜取城中的孕婦驗證。」

紂王立刻令兵士捉數十個孕婦，集中在樓下。妲己一一指著說，哪一個懷的是男胎，哪一個懷的是女胎。紂王令人剖開孕婦的肚子視之，果真像妲己說的那樣。

後來，紂王在妲己的蠱惑下，將伯邑考醢爲肉醬，比干忠心直言，並指責紂王殺皇后、殺大臣、謫太子、嬖妲己的暴政，要紂王改過以新朝綱，勸諫說：「不修先王的典法，而用婦言，大禍不遠了。」紂王大怒，要殺比干。妲己說：「妾聽說聖人的心有七竅，比干自詡爲聖人，剖開比干的心看看如何？」

紂王聽從妲己的話，殺比干剖其心。自此朝廷上忠良的大臣已幾乎蕩然無存。

天下諸侯起兵以反對紂王的暴虐。在動盪的戰火煙塵中，其中最強盛的是西岐的周武王。在攻入朝歌的牧野之戰中，紂王雖有兵數十萬，但早已人心離散，臨陣倒戈。最後紂王自知大勢已去，自登鹿臺，身衣寶物，火焚宮殿，投入火中而死。

傳說武王令劊子手斬妲己的時候，因爲妲己容顏過於嬌媚，以至劊子手都不忍心下手。另換劊子手也是如此。劊子手俱不忍心殺妲己，願意替死。

姜太公曰：「我聽說妲是妖非人。」就高懸起照妖鏡，妲己才顯露本相，原來是個九尾金毛狐狸。劊子手手起斧落，才終於斬了妲己。

每個王朝的滅亡，幾乎都與一個紅顏禍水的女人有關。最著名的例子要算「妲己亡殷」，說她掩袖工讒，狐媚惑主，把殷紂王搞得魂不守舍，最後連好端端的河山也給弄丟

了。不過，國家滅亡，首先是國君的才能低下！把一個政權的滅亡完全算到一個女人的頭上是不公平的。

據正史——如《史記》——的記載，是紂王征伐有蘇部落，俘獲到美豔的妲己爲妾，紂王非常寵愛她，在衛州設「酒池肉林」。《封神榜》屬於神話小說，還有許多稗官野史，內容不可信。傳說妲己是在被其父護送入朝歌的途中，狐狸附身而成爲妖婦。婦而爲妖，似乎爲商朝的滅亡找到一個理由。

直到二十世紀初，考古學家在河南省安陽挖掘出土許多殷商時期的甲骨，上面所刻的「卜辭」，才對妲己和紂王時代生活風俗等資料有了比較確切的認識。有人據此認爲紂王熱衷於聲色的事是事實，殺比干也有甲骨文上確切的記載，然而砍掉人腳看骨髓、剖開孕婦之腹就難以令人理解，因爲當時的人巫風頗盛，任何重大舉措，都要求神問卜來決定吉凶休咎，紂王更可能取決於占卜，而不是婦人之言。

有人還認爲，倘若妲己在被帝辛寵幸的那些年月之中具有政治權力，何以有蘇氏的一族人，始終就沒有能夠得勢呢，由此推斷，妲己的惡名是後人宣傳的結果。

今日我們既不能說那些有關妲己的傳說是假的，也不能斷定歷史上實有其事。不過有一點可以肯定，商朝的亡國決不是因爲妲己一個女人的緣故。

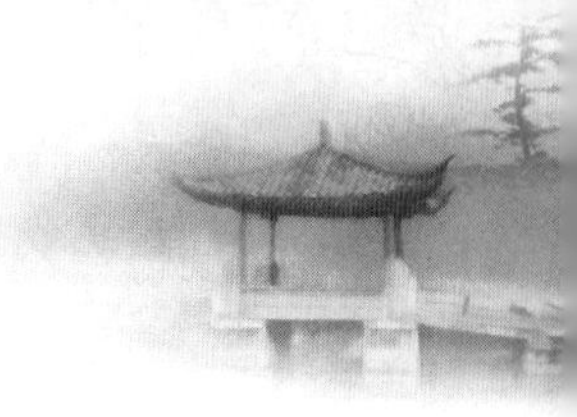

紂王與筷子的傳說

筷子古稱「箸」，《韓非子・喻老》載：「昔者紂為象箸，而箕子怖。」可見早在西元前十一世紀紂王時代，中國已出現象牙製造的筷子。關於筷子的發明有許多說法，一說姜子牙受神鳥啟示發明絲竹筷，一說妲己為討紂王歡心，而發明用玉簪作筷；還有大禹治水時，為節省時間，以樹枝撈取熱食而發明筷子。筷子也逐漸傳至日本、朝鮮、越南等國，成為重要的食具。

希特勒和他的情婦

希特勒（一八八九～一九四五），德國法西斯頭子，納粹德國頭號戰犯。生於奧地利，一次大戰時曾為士兵，一九三三年出任德國總理，一九三四年自稱元首。殘害屠殺猶太人。一九三九年吞併捷克斯洛伐克，侵入波蘭，挑起第二次世界大戰。一九四五年四月三十日，盟軍包圍柏林時自殺。

希特勒組成了納粹黨和炮製了《我的奮鬥》一書後，很快成爲當年德國的政治「暴發戶」。許多歇斯底里的女子做夢都想博希特勒一笑。儘管他神經質般高喊發誓：「在沒有完成我的事業之前，我絕對不會再愛任何女人。」但他身邊總少不了有多個女人伴隨。這些女人不僅沒有享受多少「幸福」時光，而且幾乎都以自殺作爲「愛情」的結局。

希特勒曾對人說：「聰明的男人應該娶一個愚昧無知的女人做老婆。」說這話時，他的情婦愛娃・布勞恩就站在他的旁邊。這位從二十歲起就夢想當上「第三帝國」第一夫人的女人此時才明白，她爲之付出一切的希特勒，根本就沒考慮過在她身上「浪費」時間。

在極度痛苦中，愛娃曾用父親的左輪手槍擊中了自己的脖子，但僥倖沒有傷到動脈。一九三五年五月，她試圖第二次自殺，但她爲自己準備的三十五粒安眠藥片被她的妹妹及時發現。到了一九四五年，已是窮途末路的希特勒才想起來和愛娃結婚，二人隨後自殺畢命。

在一九三五年二月九日，被希特勒稱爲「英國女神」的尤妮蒂・米特福德結識了希特勒。她作爲一名狂熱的納粹分子和英國女貴族，爲了他而離開了富有的家庭遷往慕尼克。她因對希特勒的狂熱崇拜而陷入情感漩渦不能自拔。一九三九年九月三日，希特勒派兵攻進波蘭兩天後，英國駐德國大使向德國外交部長遞交了宣戰書。尤妮蒂無法忍受兩國交惡的現實，她把有希特勒親筆簽名的「元首」照片、納粹黨徽，和一封遺書放入一個信封裏，然後開槍自殺。

李芬史達爾是在柏林的一個社交場所遇到希特勒的。那時，正是希特勒迅速「發跡」

的時候。在納粹組織的集會上，希特勒瘋狂追隨者們的狂呼亂叫聲此起彼伏。這樣的場面對李芬史達爾產生了強烈的衝擊，她的腦海中浮現出了一個可怕的幻象：地球正在裂開，一股巨大的水流從地下奔湧而出，將希特勒托向天空。於是，沉浸在狂熱中的她十分衝動地給希特勒寫了一封信，表示有意結識這位「德國未來的統治者」。

一九三二年五月的一個夜晚，已成爲電影明星的雷妮・李芬史達爾與希特勒在北海海邊散步。當時，希特勒難得心情好，他對李芬史達爾在電影中飾演的角色讚不絕口。還滔滔不絕地大談德國浪漫主義作曲家瓦格納、路德維希二世以及自己「拯救德國的使命」。

後來，希特勒漸漸收住了話題，變得緘默無語。天色漸漸亮了，他突然停住腳步，激動地用雙手抓住李芬史達爾，把她拉了過來。當他準備進一步做出表示時，李芬史達爾卻意外地拒絕了他。「敢向希特勒說不」的雷妮・李芬史達爾，卻沒有陷入自殺的怪圈。

希特勒的外甥女吉莉・拉包爾是他「惟一愛過的女人」。儘管當初希特勒對吉莉十分殷情，但他大部分的時間都在進行政治冒險。可吉莉是個耐不住寂寞的女人，關於她的羅曼史總是層出不窮。而希特勒對其外甥女的佔有欲又非常強，以至於每逢吉莉外出，總有兩名納粹分子「相伴」左右。此外，她還必須分毫不差地按「舅舅」規定的時間回家。她所做的所有事情必須得到希特勒的同意，只要稍有出格，希特勒便會勒緊「韁繩」。終於，他們的關係開始惡化，兩人之間爆發了激烈衝突。一九三一年九月中下旬，廿三歲的吉莉用希特勒的手槍結束了自己的生命，沒有留下遺言。

至今，臭名昭著的希特勒也早已成爲千古罪人。但希特勒與吉莉的關係，仍爲人們所關注。吉莉之死最令人困惑不解。她爲什麼要自殺？如果不是自殺，那麼殺害她的原因和兇手又如何？

吉莉・拉包爾是希特勒同父異母的姐姐安吉拉・拉包爾的大女兒，比希特勒小整整二十歲。一九二八年夏天，希特勒租用了巴伐利亞邦靠近奧地利邊境的上薩爾斯堡瓦亨菲爾德別墅，當時正在維也納守寡的安吉拉・拉包爾被請來替他管家。就這樣，吉莉與母親一起來到了希特勒身邊。

吉莉其時芳齡二十，長著一頭金色秀髮，亭亭玉立，嬌豔動人。希特勒爲這位金髮女郎的美貌所傾倒，很快就拜在了她的石榴裙下。希特勒絞盡了腦汁來博取這位美女的歡心，去參加各種集會、到山間散步、去慕尼克喝咖啡、觀賞歌劇。一九二九年希特勒在慕尼克最時髦的攝政王大街租用了一套豪華公寓，九個房間中的一間被特地單獨留給了她。

可以肯定，一個大名鼎鼎的納粹黨頭號領袖對一個普通女性大加青睞，曾一度使她受寵若驚。但是吉莉是否也真正愛上了希特勒則不得而知。起初與舅父在一起，陪伴他進出各種公共場合讓她感到非常滿意，她喜歡這種生活。希特勒後來也承認，在上薩爾斯堡和慕尼克，他們曾一起度過了不少美好時光，在慕尼克的這段時間，是他一生中最快活的時

刻。可惜好景不長，他們之間很快產生了很深的隔閡，舅父與外甥女的「愛情」光環黯淡下去了。

人們對雙方隔閡產生的原因有多種不同的說法。一種說法是，由於兩人相互妒嫉，彼此胡亂猜疑的緣故。希特勒懷疑吉莉同他的衛士艾米爾・莫里斯關係曖昧；吉莉對希特勒注意其他女性，尤其是溫尼弗雷德・瓦格納深感不滿。也有人認爲，吉莉嗓音優美，希望成爲歌唱家，希特勒卻不同意她去維也納學聲樂。吉莉無法接受希特勒的佔有欲和專制作風。當發現吉莉聽任艾米爾・莫里斯向她調情求愛時，希特勒醋性大發，對吉莉暴跳如雷，從此禁止她與異性有任何交往。然而吉莉性格開朗，深得年輕男性喜愛，希特勒卻限制她與他們來往。還有人推測，希特勒是個性變態者——被虐待狂，並患有梅毒和嚴重的性功能障礙，因而引起吉莉的厭惡。凡此種種，皆使吉莉深感痛苦。

但是這些原因固然可能會使他倆的「愛情」蒙上陰影，但似乎不足以成爲吉莉自殺的原因。隨著時間的流逝，雙方的衝突也變得越加頻繁和激烈了。

到一九三一年夏末，吉莉再次公開宣稱要離開希特勒回維也納去繼續學聲樂，遭到希特勒的堅決拒絕。據說，一九三一年九月十七日早晨，希特勒臨去漢堡之前，與吉莉在攝政王大街公寓內發生了一場激烈的爭吵。目擊者說，在希特勒正準備上車時，吉莉撲在窗臺上哭著喊道：「我去維也納你也不答應？」「不答應！」希特勒說完後拂袖而去。在車上，希特勒接到赫斯的電話，說吉莉已中彈死在自己的房間裏，那時他剛過紐倫堡。還有人說，發現吉莉死亡是在第二天早上。

巴伐利亞邦檢察官對此案進行了認真的調查，發現子彈穿透了她的左前胸，直入心臟。法醫驗屍斷定這一槍是自己開的。但是並不是所有的人都相信檢察官的判斷，那麼，吉莉到底是自殺還是他殺？

在吉莉死後的許多年中，有人相信她是自殺，但即便是那些與希特勒和吉莉都很熟悉而又相信吉莉是自殺的人，他們對吉莉自殺的原因也有不同的解釋。希特勒的攝影師霍夫曼認爲，吉莉另有所愛，她之所以自殺是因爲她受不了希特勒的專制。希特勒的管家溫特爾太太則認爲，吉莉是愛希特勒的，她的自殺是失望或灰心喪志所致。

而在慕尼克一直流傳著若干吉莉被謀殺的說法。有的說，盛怒之下的希特勒開槍打死了她。有的說，她被打死是因爲希特勒與其外甥女的曖昧關係曾在納粹黨內惹起了不少流言蜚語，並已對納粹黨的團結及其領袖的個人聲望產生了影響。希姆萊爲了把希特勒和納粹黨從困境中解脫出來殺死了吉莉。

希特勒曾經對納粹黨領導人的忠告非常惱火，雙方甚至爲此而大動肝火，發生了激烈的爭吵。納粹黨伍爾登堡區領導人的職務在希特勒一怒之下而被解除。顯然，不僅是希特勒，整個納粹黨的處境都非常尷尬。將吉莉殺害是擺脫困境的惟一辦法。還有人說，一些

納粹黨的領導人曾多次勸說希特勒要麼就乾脆結婚，要麼就不要在公共場合攜帶其情人，希特勒很有可能打算與吉莉結婚的，但後者並不願意，於是希特勒感到受到了羞辱，派人殺死了她。這些說法只是一些推測，有的合乎邏輯推論，有的則顯得很荒謬，但都缺乏有力的證據。

只有吉莉本人才清楚她究竟因何而死，也許還有希特勒，或許還有希姆萊。不管這些女子的死因如何，我們從希特勒的「情史」中可看出他的卑鄙與無恥。

身輕如燕的舞后

沈迷溫柔鄉的漢成帝與趙飛燕

漢成帝（西元前五十一年～前七年），名劉驁，漢朝第十二位皇帝，漢元帝長子，母王政君（王莽姑母）。

漢鴻嘉三年，成帝劉驁微服私行，經過陽阿公主家，公主召集歌女數人，臨席侑酒。其中有一個叫趙飛燕的女子，肌若晚雪、舞態輕盈、秋水微眸、纖纖柳腰弱勝嬌。她輕啓朱唇，有如鶯啼燕語，聲韻婉轉迂迴，足尖輕輕幾點，接著翩翩起舞，成帝神魂被攝了去，都不知自己說的是什麼了。

待至宴畢起身，便向公主乞此歌姬，一同入宮，公主自然應允。待回到宮裏，攜手入芙蓉帳裏，翡翠衾中著體便酥，徹夜歡娛，不覺曙色映幃，成帝驚爲奇遇，因爲箇中絕妙滋味，使後宮六千粉黛頓失顏色。

趙飛燕原姓馮，她的父親馮萬金，對音樂頗有造詣。母親是江都王孫女姑蘇郡主，曾嫁中尉趙曼，暗地與馮萬金私通，生下雙胞胎，長名宜生，次名合德，宜生即爲趙飛燕。因爲是私生子，一生下來就丟在野外。丟棄三天後仍然活著，父母也覺得奇怪，就收回家裏養育。幾年後，父母相繼去世，二女無家可依，便一同流落長安，淪爲官婢，後被送入陽阿公主府學習歌舞。

趙飛燕得寵後，其妹趙合德亦被立爲昭儀，兩姊妹專寵後宮，顯赫一時。媚態百生的趙合德，豐若有餘，柔若無骨，更使成帝迷戀如醉。他稱趙合德的乳胸爲「溫柔鄉」，自嘆「我當終老是鄉，不願效武帝求白雲鄉了。」

趙飛燕身材窈窕，體態極其輕盈，舉步翩然若飛。《趙飛燕別傳》中有這樣的描述：「趙后腰骨尤纖細，善踽步行，若人手執花枝顫顫然，他人莫可學也。」「踽步」是趙飛燕獨創的技巧，可見其舞蹈功底深厚，並能控制呼吸。明朝豔豔生的小說《昭陽趣事》有幅木刻《趙飛燕掌上舞圖》，是趙飛燕站在一個宮人的手上，作出各種舞蹈動作，揚袖飄舞，宛若飛燕。漢成帝專爲她造了一個水晶盤，叫宮人將盤上托。趙飛燕在盤上起伏進

退，下腰輕提，旋轉飄飛，就像仙女在萬里長空中迎風而舞一樣，優美自如。

漢宮中有個太液池，成帝造了一艘沙棠木做的大船，用紫色的文桂木作舵與槳。一次，趙飛燕穿著雲芙紫裙，碧瓊輕綃，在船上表演歌舞《歸風送遠之曲》，飛燕越舞越飄飄，欲乘風歸去之態，舟至中流，大風忽至，飛燕隨風揚袖旋舞，像要乘風飛去，成帝急忙令宮人拉往趙飛燕，怕叫大風吹走了！宮人兩手握住飛燕雙履。趙飛燕索性在宮人手上隨風飛舞。因此後世傳說她「身輕若燕，能作掌上舞。」後來，漢成帝怕大風把趙飛燕吹跑，特地爲她大興土木之工，花鉅資爲她築起一座華麗的「七寶避風台」居住。

從此，趙氏姊妹專寵後宮，輪流侍寢，連夕承歡，風流天子嘗盡溫柔滋味，此外後宮三千粉黛，俱不值成帝一顧，只好自悲命薄，暗地傷心。原來受成帝寵幸的許皇后和班婕妤都失寵，此時孤幃冷落，心實不甘。許皇后便暗中以巫祝祈禱趙飛燕早死。趙氏姊妹想恃寵奪嫡，正苦於沒有藉口，得了這個消息，立刻告發許后咒詛後宮與皇上的罪名，並牽連及班婕妤。

成帝立即廢去許后，將她趕至昭台宮，又誅殺皇后之姊，並將其親屬遣送回故里。永始元年立趙飛燕爲皇后，又封趙和德爲昭儀，居昭陽宮。該宮塗以丹朱，黃金爲門檻，白玉作臺階，壁間的橫木嵌入藍田璧玉，以明珠翠羽作裝飾。所陳列的几案帷幔等類，都是世間罕有的珍奇，最奢麗的是百寶床、九龍帳、象牙簟、綠熊席，床幔薰染了異香，沾到

身上幾月都不散。

當時民間曾流傳有這樣一首童謠：「燕燕尾涎涎，張公子，時相見。木門倉琅琅，燕飛來，啄皇孫，皇孫死，燕啄矢。」說的就是趙飛燕，「燕燕尾涎涎」說的是趙飛燕的美貌，「木門倉琅琅」說的是她將當皇后。

漢成帝劉驁縱欲則不惜一死，甚至已達視死如歸的程度。漢成帝後宮佳麗成群，內寵眾多，盡情享樂。但是，他不僅好女色，而且愛男寵。漢成帝的男寵是張放，史稱他「常與上臥起，但爲微行出入。」成帝時常和一批近幸佞臣在宮中長夜醉飽歡樂，談笑放蕩，全無拘束。他在宴樂處所，四面張書屏風，屏上畫紂王醉踞妲己作長夜之樂的圖畫。而趙飛燕的曖昧情事，成帝也不聞不問。

趙飛燕有一張琴名爲「鳳凰寶琴」。當時長安有一位少年音樂家名叫慶安世，自幼習琴，十五歲時便名滿天下，後入宮爲漢成帝和趙飛燕演奏了一曲《雙鳳離鸞曲》，其出色的技藝和優美的音樂令趙飛燕如癡如醉。趙飛燕愛惜玉樹臨風的慶安世之才，特求成帝允其隨便出入皇宮，並給他一個侍郎的官職，還送給他兩張名貴的琴，一曰「秋語疏雨」，一曰「白鶴」。從此趙飛燕便借琴歌爲名，與慶安世眉挑目逗，每當成帝在趙合德處留宿，慶安世就在趙飛燕處留宿。

又因趙飛燕連年不育，害怕將來色衰時失去成帝的歡心，妄圖生下孩子，便暗查子嗣多的侍郎宮奴，幾乎每天都交歡，可謂夜夜爲新娘。又怕被成帝聽到，就修了密室一間，托言供神禱子，無論何人，不得擅入。其實是密藏英俊少年，不分白晝恣意肆淫。

當成帝臨幸時，趙飛燕也因疲勞過度，不過虛與周旋，勉強承應。成帝遂覺得趙飛燕不及趙合德，所以漸漸疏遠。

一天夜裏，成帝與趙合德偶談及乃姊飛燕，略有不滿的表情。趙合德已知飛燕秘事，連忙說：「妾姊素性好剛，容易招怨，保不住有他人讒構，誣陷妾姊。倘或陛下過聽，趙氏將無遺種了！」說至此，泫然泣下。成帝慌忙替合德拭淚，並用好言勸慰，並發誓不再誤信蜚言。後來有人得知飛燕姦情，出來告訐，都被成帝處斬。

後來趙飛燕感激趙合德對她的迴護，特意推薦一個叫燕赤鳳的宮奴。燕赤鳳身體雄壯，並能夠飛簷走壁。趙合德便趁著成帝不在時，與燕赤鳳歡會。從此後，燕赤鳳輪流光顧飛燕與合德的內室。趙合德恐怕赤鳳往來招人耳目，於是乞求成帝另築一間密室，與趙飛燕的遠條館閣道相連。此後兩處消息靈通，赤鳳蹤跡，隨成帝爲轉移。

趙飛燕正式被宣布爲后，但她與妹妹都不能生下子嗣。她們的地位受到了嚴重的威脅。成帝因趙氏姊妹寵幸有年，但未生一男半女，時常憂心，便開始偷偷招幸其他宮人。宮婢曹氏未幾懷孕，生下一男。成帝聽到後暗暗高興，特派宮女六人服侍曹氏。卻不料被趙合德察覺，趙合德假造聖旨，將曹氏繫入庭獄，迫令她自盡，將所生嬰兒也立即處死，

甚至六個伺候的婢女都勒斃而死。成帝卻怕趙合德姊妹，不敢救護，坐看曹宮母子畢命歸陰。

還有一個許美人，臨幸數次，也生下一個男嬰。成帝爲討好趙合德，竟詔令許美人交出嬰孩，用蘆葦編的篋裝進趙合德住的地方，由成帝親自扼死。先前長安曾有童謠：「燕飛來，啄皇孫！」此時真的應驗了。

綜成帝一生，再也未有子嗣。他如此冷酷殘忍，其實就是爲了滿足情欲。在追求這樣的滿足中，他沉迷放縱，毫不節制，身體逐漸垮了下來，彎腰駝背，枯瘦如柴，面對嬌豔欲滴的趙合德，竟然無能爲力。

有一天，成帝去長信宮朝見太后。太后看他一副「癆病鬼」模樣，痛徹心腑，垂淚曰：「你怎麼成了這個樣子？」

趙飛燕有「彭祖分脈」之書，她會配製一種助陽興的春藥，這種丸藥服了就離不開，但上癮後，必須使藥量逐漸增加。趙飛燕一來爲了適應自身的需要，二來爲了討好劉驁，秘製了這種春藥丸，供劉驁性交之前吞服。

關於春藥，史書記載：「有方文獻大丹，其丹養於火，百日乃成。先以大甕貯水滿，即置丹於水中，水即沸騰，乃易去，復以新水，如是十日不沸，方行服用。」一種投到水裏水都沸騰的藥物，以人的脆弱之體，竟敢吞下肚子，可謂「牡丹花下死，做鬼也風流。」成帝每次和趙氏姊妹上床，就吃一粒，果然其效如神，爲了能在「溫柔鄉」中享樂，這位皇帝求助於春藥，以博每次的歡愉，後終因服藥過量，縱欲之後，倒地身亡。

成帝在位二十六年，壽終四十五歲。本來是體質強壯，狀貌魁梧，儼然像個尊嚴天子，怎奈酒色過度，遂致身體羸弱。有一天夜裏，在趙合德的宮裏，因喝春藥過量徹夜歡娛，天亮後死在床上。據《趙飛燕別傳》：「帝日服一粒，頗能幸昭儀。一夕，在大慶殿，昭儀醉，連進十粒，是夜絳帳中擁昭儀，帝笑聲吃吃不止。及中夜，帝昏昏，卻不可將。抵明，帝起禦衣，陰精流輸不禁。有頃絕倒，褰衣視帝，餘精出源，沾汙被內，須臾帝崩。」趙合德大概是用床第工夫把皇帝搞死而名留青史的第一位后妃。

成帝死後，趙氏姊妹失勢，積十餘年的怨毒開始爆發。初掌權王莽追究責任，合德雖未毒死成帝，然而從前在宮裏淫亂的事，若一經逮問，斷難隱諱，況且要連累家裏人一同坐罪，於是自己喝下毒藥斃命。

綏和二年，漢成帝死後無子，由定陶王劉欣即位，即漢哀帝，趙飛燕被尊爲太后。哀帝在位六年駕崩，隨即平帝劉衎即帝位，趙飛燕第二度失去了靠山，被貶爲孝成皇后，後由於其妹合德害死了後宮的皇子，被殺，朝中群臣指責趙飛燕「失婦道，淫亂宮闈，不生育，斷了皇室的後代」等等罪名，貶皇太后爲孝成皇后，遷居到北宮，過了一個多月，被貶爲庶人，被賜自殺。

有關趙飛燕的二三事

趙飛燕以美貌纖細著稱，與歷史上另一個名女人楊貴妃的豐滿，恰恰形成有趣的對比，故而有「環肥燕瘦」這句成語的出現。

由於趙飛燕體態輕盈，每當她纖腰款擺、迎風飛舞時，就好像要乘風而去一般。一天，她穿了一件雲英紫裙來到太液池邊，正翩翩起舞時，突然間狂風大作，她差點兒被風吹走，於是成帝趕緊叫樂師們拉住趙飛燕的裙擺，免得她被風吹走。待風停時，發現趙飛燕的裙子竟被抓得皺皺的，從此宮女們盛行穿摺疊出褶皺的裙子，美名其曰「留仙裙」。

史載趙飛燕為使膚如凝雪，把一種秘方配製叫作「香肌丸」的藥丸塞入肚臍。這種丸藥是由麝香、高麗參、鹿茸等名貴藥物製成的，將其放入肚臍內，可使人肌膚勝雪並散發出異香。然而此丸卻有可怕的後遺症，即該丸毒素會經久滯留積蓄在任督二脈內，令女人終生無法懷孕。這也是趙飛燕始終不孕之故。

唐太宗殺弟奪妻內幕

唐太宗李世民（五九九～六四九），唐朝第二位皇帝。年號貞觀。唐朝建立後，李世民受封為秦國公，後又晉封為秦王，發動玄武門之變，殺死太子建成及齊王元吉，唐高祖不久被迫讓位，李世民即位。他即位後，虛心納諫，在國內厲行節約，使百姓休養生息，開創了唐朝歷史上著名的「貞觀之治」，也為後來的開元之治奠定了重要的基礎。唐太宗在位廿三年，享年五十歲。

齊王李元吉的妃子楊氏，是長安教坊的一個舞妓，她冰雪聰明，眼眸顧盼間搖人心旌。且知書識字，能吟詩作賦，後被李元吉收爲妃子，十分受寵。楊氏生得體態風流，性

情柔媚，面如出水芙蓉，腰似迎風楊柳，在唐室王妃中最爲美豔。楊妃的美貌，任何鐵石心腸的人，見了她也要動心。李世民也不例外。

唐高祖李淵的元配竇皇后生四子：長子建成，次子世民，三子玄霸早卒，四子元吉。建成爲太子，但李世民覬覦帝位，且在滅隋的過程中積累了相當的實力。元吉在這場勾心鬥角的權力爭奪中站在建成這一邊。

武德九年六月，年僅二十四歲的元吉在玄武門之變中被李世民射死。玄武門之變三天以後，唐高祖李淵宣布立秦王李世民爲太子，處理國家一切政務。

楊妃平時與秦王李世民妃長孫氏交情莫逆。李元吉身亡家破，楊妃年正花樣年華，只落得孤帷寂寞，舉目無親，長孫氏念及舊情，常邀她過來敘舊，好言勸慰。

一天，正當楊妃與長孫氏坐談，忽然李世民進來，楊妃起座相迎，待李世民坐定，她屈膝下跪，對著李世民請求把她處死，反弄得李世民不知怎麼辦好。長孫氏慌忙勸解，楊妃嬌啼宛轉，楚楚可憐，其實這不過是楊氏獻媚的手段。

李世民那樣一個絕世英雄，也不禁情腸悽楚。況且她淡妝淺抹，秀色可餐，那種哀豔態度，真是筆墨難述萬一，令人魂銷魄蕩。李世民離座，連稱請起。長孫氏忙來攙扶，好容易才把楊妃扶起，楊妃還是哭個不停。

李世民說：「王妃不要過悲！齊王謀亂，與王妃沒有關係。我在世一日，總會休戚與共，不要過慮！若嫌在齊王府寂寞，不如徙居我這裏，好在你姊妹兩人，一向沒有嫌隙，彼此相安度日，我也免得耽憂了。」

楊妃本是個隨高逐低的人物，當然唯命是從，當天便遷居過來。李世民早已看上這嬌滴滴、嫋嫋婷婷的弟媳，特地收拾了一間乾淨的內室，凡室中一切佈置，都是李世民親手安排佈置，又讓心腹侍女數人，作爲楊妃室中的服役。遇到春秋佳節，李世民每賞賜妃嬪花粉珍寶，也照樣賞賜楊妃一份。

元宵那一天，日本國遣使朝貢，貢品裏面有鮫綃宮帳兩頂，是南海中鮫魚吐的絲織成的，薄得和蛛網一般，拿在手中像空氣，掛在床上，裏外明徹。李世民收入後宮，一頂賜與長孫氏，一頂卻賜與楊妃。從來宮中賞賜，沒有人敢與長孫氏相同的。女人家最容易被這些打動，楊妃不禁暗自心喜。李世民平日無事，便往她室中敘談，漸漸的開始不避嫌疑，最後到耳鬢廝磨，兩情入彀。

李世民偶然有一天不來，楊妃心中便好似丟了什麼似的，飲食無味，魂夢不安。一待到聽得外邊有腳步聲，楊妃便不覺柳眉輕舒，桃腮凝笑。

一天深夜，夜漏將半，楊妃已經就寢入睡，忽然侍女進來說：「太子到了。」楊妃慌忙穿衣起床，略整衣裳，便出去相迎。

李世民進來，與楊妃行過了禮，楊妃問：「殿下爲何深夜到此？」

李世民說：「父皇召我侍宴，多飲了幾杯酒，說的上內禪的事，至此才得脫身，因此來得過遲了。」

楊妃立即跪下稱賀，李世民趁著酒意，竟用手攙起楊妃的柔荑：「我還尚未受禪，怎好受賀？」

楊妃輕輕推開李世民的手，才半嗔半喜的站起來。

這時正值仲秋，皓月當空，月光的清輝灑進來，室內銀燭高燒，人影約約綽綽。李世民在燈月下定睛瞧著楊妃，見她雲鬢半捲，星眼微揚，穿一套縞素羅裳，不妝不束，卻更顯出明媚如玉。

楊妃見李世民直盯著自己，也不禁宛爾一笑。

李世民轉顧明月道：「中秋將至，想嫦娥在廣寒宮，應亦跂望團圓。」

楊妃淒然說：「不料天上也有殘缺。」

李世民微笑：「我今夜踏月而來，王妃可否與我一起賞月？」

楊妃尚未來得及回答，侍女已在一邊湊趣說：「廚下尚有酒肴，搬了出來，就可賞月了。」

那時西軒早啓，晚宴初陳，李世民邀楊妃入席，真所謂「酒爲色媒，色爲酒媒。」

楊妃入席時，還有三分靦腆，及至酒過數巡，漸把羞澀撇在腦後，抬頭看那風流倜儻的儲君，英姿灑落，眉宇清揚，再回憶那齊王元吉，與李世民生本同胞，偏長得一妍一醜，大不相同，想到這裏，禁不住心猿意馬，竟把平生的七情六欲一齊堆集攏過來。

李世民幾次溫存，她也不見不聞，彷彿癡了一般，惹得席旁侍女都吃吃地暗笑，楊妃方才回過神來，不由得兩頰愈紅，低頭弄這衣帶。

李世民說：「夜已很深了，再喝一杯便撤席罷。」於是各斟一滿杯，彼此一飲而盡，以作兩人的交杯酒。侍女撤去殘肴，次第出外，單剩兩人在床幃裏演龍鳳配了。

隔了數日，唐高祖禪位於李世民，是爲唐太宗。冊長孫氏爲皇后。楊妃被納爲妃嬪，日加寵眷。

太宗變寵楊妃，便爲死去的李元吉加封，追封爲海陵郡王。後來長孫皇后去世，太宗欲把楊妃升入正宮，魏徵再三爭論，說陛下須爲萬世家法，萬不可使失節婦人母儀天下，太宗只好死了這條心。

新舊《唐書》后妃傳裏沒有楊妃的位置，只在敘述她生的兒子曹王明列傳裏捎帶提了一句。據《新唐書》：「曹王明，母本巢王妃，帝寵之，欲立爲后，魏徵諫曰：『陛下不可以辰嬴自累。』乃止。貞觀二十一年，始王曹，累爲都督、刺史。高宗詔出後巢王。永隆中，坐太子賢事，降王零陵，徙黔州。都督謝佑逼殺之，帝聞，悼甚，黔官吏皆坐免。」又《舊唐書》「詔令繼巢刺王元吉后。」太宗將曹王明過繼給已死的齊王元吉當兒

子，而且最後被地方官殺死，可能那時楊妃已經失寵。

以唐太宗一世英名，卻殺其弟奪其妻，未免有點說不過去。最不能瞑目的大概是李元吉，被人奪了妻子，還貶爲豬狗不如的下流人物，欽定的《高祖太宗實錄》說「巢剌王（李元吉）性本凶愎，志識庸下，行同禽獸。兼以棄鎮失守，罪戾尤多，反害太宗之能。」死人是不會說話的，若李建成沒有在玄武門之變喪生，大概「志識庸下，行同禽獸」可能就安在了李世民的名下。

至於楊妃最終的結局，歷史沒有記載，大約不外是兩種：老死窗牖間或者像武媚一樣出家爲尼，不過武媚尙有一個李治惦記，而她就未必了。

縱欲的法老

阿蒙霍特普三世的私生活

阿蒙霍特普三世(AmenhotepIII)，古埃及第十八王朝法老，在位三十八年（約西元前一三九一～約西元前一三五三年）。法老圖特摩斯四世之子。第十八王朝在他統治時達到全盛。

埃及新王國到杜德摩西三世統治時，國力達到最強盛的時期。今天的西亞，包括巴勒斯坦及敘利亞在內的許多國家，當時皆臣服於埃及，埃及成爲了地中海的霸主，杜德摩西三世也成爲了帝國最大版圖的繪製者，所以當他的曾孫阿蒙霍特普三世即位後，新王國

的第十八王朝達到了強盛的頂點。國內國泰民安，國外貿易興旺，各地臣服的小國們將貢品、女奴源源不斷地敬供上來，國王可以盡情享受一切，安穩地躺在王宮的殿堂上宴飲作樂，而無須擔心王國的基業和未來。

從小就生長在這樣一個奢華繁榮的帝國之都裏，阿蒙霍特普三世養成了享樂揮霍的性格，因而，與他的曾祖相比較，與他有關的軍事活動的記錄只有一條，那次是在他即位初期對抗努比亞人的戰爭，戰爭的目的可能是爲了確保來自努比亞地區的埃及黃金運輸線的安全。這樣少的戰爭歷練，使他漸漸失去了軍人的本色，他的身分越來越趨向於「偉大的獵手」——他在位期間曾親手獵殺一百零二頭兇狠的獅子，這一點與打仗稍沾點邊兒；神廟修建的熱情支持者——他在塞加拉建造了塞加拉城最古老的那一部分，他在卡納克建立了阿蒙雷神廟，他在南卡納克建有姆特神廟，他在尼羅河西岸建立了曼農巨像……

不過，上面那些事仍然算不上啥——更引人注目的是，他是一個娶了平民女子作王妃的國王。

提伊王妃第一次進入王宮時，只不過是個平民人家出身的女子，她進宮是因爲國王阿蒙霍特普三世要選擇一名漂亮美豔的女子作王妃，提伊能夠初「選」告捷，全憑著自己周身上下散發出的那種令誰見了都會側目的豔麗風姿，不用做過多的描繪，國王最終一定被她迷倒了，很快，提伊被正式選爲未來一人之下萬人之上的尊貴妃子。

事情不是特別順利，在極其講究王室血統的古埃及，國王娶了一個毫無背景的民間女子作爲國家尊貴的「第一夫人」，這樣的事無論如何是會遭致那些恪守古法、腦筋轉不過彎來的貴族們的反對的。面臨老頑固們的抗議，眼看著事情要落空，在關鍵時刻，阿蒙霍特普的父王出來干預了。

真是有其父必有其子，原來阿蒙霍特普的母親也不是純種的埃及血統，她竟是遙遠的亞洲小國米坦尼千里迢迢進貢給阿蒙霍特普父王一件誘人的禮物，阿蒙霍特普的父王收這位美女爲妃，打破了埃及王室要求血統純正的規定，當然也遭到了人們的反對，不過，反對之聲並不嚴厲，因爲，畢竟那王妃也是一國之尊貴的公主。阿蒙霍特普的婚事在父親的干預之下，最終遂了心願，不過也埋下了伏筆，我們後面還要提到。

阿蒙霍特普本就是一個不會打仗，只會享樂遊玩的皇帝，迎娶了新婚的嬌妻之後，更是夜夜笙歌，日日宴享。爲了享樂，他和妻子專門修建了一座挖有人工湖的宮殿，據埃及人費克里撰寫的《埃及史古代》介紹，這座宮殿極其奢華，「建築十分寬大，一切裝飾都是經久不變的」，「它的人工河是用魚和禽鳥所依棲的尼羅河上流的水所灌充的」，「這廟宇高可攀天」，「寶庫裏藏著不可勝數的財富」，「它的牲畜像海灘的砂粒那麼多，數不勝數」……

夠了！這樣的奢侈繁華也許只有在阿蒙霍特普那樣的「太平盛世」裏才會出現吧。

這樣過了十年，國家大事完全被阿蒙霍特普丟在了腦後。費克里《埃及史古代》說，國王本來「特別愛獵取野牛和獅子，但是，這十年過後，他連打獵都不感興趣了。」玩樂了十年，阿蒙霍特普有點想起自己的皇帝寶座和國家的江山來了。

據說是可靠消息，因爲不滿國王和王妃整日享樂不理政務，有王室成員想要謀反！這下阿蒙霍特普著急了，他立即採取一些有力手段試圖恢復自己在王室中的尊嚴和威信，爲此，阿蒙霍特普十分注意抬高提伊王妃的地位和尊貴身分。他仿效哈特謝普蘇特女王曾使用過的手段，對外宣稱自己的妃子曾得到太陽神阿蒙雷的親炙，這樣提伊就不再僅僅是個平民出身的王妃了，她身上被賦予了神性的靈跡。不僅如此，阿蒙霍特普還表現出極爲寵愛提伊王妃的樣子，故意冷落別的妃子，讓人們感覺到提伊的尊貴和她在國王眼裏的重要。這一切也許奏效了，王室的短暫危機終於過去了。

過度縱欲和享樂使阿蒙霍特普的身體過早地衰敗了，未來王室繼承人的問題漸漸提到議事日程上來了。阿蒙霍特普不顧貴族王公們的反對，把提伊王妃所生之子立爲繼承人，這一次又嚴重侮辱了埃及傳統勢力堅持的血統純正論。王國一片反對之聲，雖然最後阿蒙霍特普四世順利登上了王位，但是，新王國建立以來的穩固基業受到了一點動搖，由於阿蒙霍特普三世的長期不理朝政，掌管祭祀大權的僧侶們逐漸壯大了自己的勢力，嚴重地威脅到國王的統治，阿蒙霍特普四世於是大加改革宗教，試圖削弱僧侶權力，最終以失敗告結。提伊王妃此時也已變成了提伊太妃，她和兒子關係鬧得很僵，兒子和王妃奈芙蒂蒂的幸福生活也被他的母親搞得一團糟。

據說像個老祖母那樣，提伊「太」妃活了很久。

到底有多幸福？

「幸福夫人」奈芙蒂蒂

奈芙蒂蒂（Nefertiti，西元前一三七〇至一三三〇年），是埃及法老阿蒙霍特普四世的王后。是埃及第一美人，也是世界四大美人之一。擅長養顏美容。共生下六個女兒。

在古埃及阿蒙霍特普王室時代有一支傳誦久遠的詩歌，名叫《阿吞頌詩》，其中有這樣幾句：「當您再一次升起時，萬物爲國王而繁榮了……您確是創造了大地，並爲了您的兒子使它成長。這是從您身上來的兒子，上下埃及的國王——埃赫那吞，和國王的王后奈芙蒂蒂，永遠活著……」

頌詩中提到的埃赫那吞，是阿蒙霍特普王室子孫，而奈芙蒂蒂就是有名的「幸福夫人」，「幸福夫人」是古代埃及乃至古代世界王室中知名度很高的一位王后，西元前十四世紀，法老埃赫那吞在她的輔佐下，進行了一場聲勢浩大的奉阿吞爲惟一真神的宗教改革運動。正是她的感化影響了國王，從而最終影響了埃及歷史的進程。這樣一位有著傳奇色彩的女性不能不大爲書寫一番。

奈芙蒂蒂大概生於西元前十四世紀初期，死於十四世紀的中葉。那芙蒂蒂的出身至今還是個謎，關於那芙蒂蒂的背景人們所知甚少，至今只能給出一些猜測。

她的名字意指「美麗之人來臨」，一度讓學者推測她生於異國，並且言之鑿鑿，認爲她是來自亞洲古國米坦尼的一位公主。據說，當埃赫那吞的父親阿蒙霍特普三世還在位時，因爲喜好美色，因此鼓動隸屬埃及王國的亞洲小國們搜尋國內的絕色美人，以供自己享樂使用。

迫於埃及國力的威勢且爲了討好上國的必要，「供品」們源源不斷地呈遞上來了，貪婪的阿蒙霍特普在王宮內看著那些美麗的少女們心花怒放，眼睛不停掃視著，其中一個，通體清澈、散發清香、似「出淤泥而不染」蓮花的妙齡少女，突然讓阿蒙霍特普的內心一震，打聽之下，原來是來自米坦尼王國的公主塔多克巴。

就是這個了！

塔多克巴公主不久成爲年老的阿蒙霍特普三世的嬪妃之一，並改了個埃及名爲「奈芙蒂蒂」，就是「美麗人之已到來」的意思。不過，兩年後，阿蒙霍特普年老去世。

按照埃及王室的婚姻風俗，年輕的阿蒙霍特普四世在繼承了父親的王位的同時，也「繼承」了父親的嬪妃，塔多克巴公主成爲了阿蒙霍特普四世的尊貴王妃。兩個年紀輕輕的孩子整天待在一起，奈芙蒂蒂的清麗之美打動了少年國王的內心，愛情慢慢在兩人之間產生了。

「幸福夫人」的封號到今天我們很難猜得出它的本來意思，但就從字面看來，也許是少年國王阿蒙霍特普四世感到了愛情給自己帶來的甜蜜和幸福滋味，快樂之下，情不自禁封給心愛的王后的。奈芙蒂蒂的美可能不像一般王妃那樣的「美豔」，她的美更像是一種上天的福音和人世的清香。

一九一二年，在埃及阿馬爾奈發現了一個雕刻精美的頭像，被認爲是埃及王后奈芙蒂蒂的，據說「雕像中表現的美是可信的」。

奈芙蒂蒂和她的丈夫阿蒙霍特普四世美滿幸福地生活了六年，並生有六個女兒，不過沒有一個兒子，這爲以後阿蒙霍特普之母提伊太妃的責難留下了把柄。

「幸福夫人」真的給阿蒙霍特普帶來了難以盡言的幸福，我們可以從表現他們當時生

活的壁畫和浮雕上瞭解到他們的生活細節，比如我們可以看到國王阿蒙霍特普當眾親吻自己漂亮的妻子奈芙蒂蒂，這是何等的恩愛啊，我們很難想像這樣的場景竟出自幾千年前的古代埃及。

「幸福夫人」除了帶給阿蒙霍特普快樂完滿的幸福家庭生活，在丈夫的政治事業上，奈芙蒂蒂也給以堅定的支持和鼓勵。那場轟動埃及的宗教改革運動，成就了阿蒙霍特普的歷史地位，也留下了奈芙蒂蒂的身影。面對習慣勢力和宗教守成者的各種反對、辱罵、責難，奈芙蒂蒂爲丈夫排憂解難、對丈夫的做法用心體諒，夫妻二人攜手並肩，抗住了巨大的壓力，既推行了新教，又將王都遷往別處，「幸福夫人」做到了一名王妃應盡的義務。

幸福永遠是短暫的，一旦痛苦和悲劇來臨，奈芙蒂蒂和阿蒙霍特普都無能爲力。雖然宗教改革頂著種種壓力推行了，但要將它保持下去卻不是一件簡單的事。阿蒙霍特普的母親提伊太妃就對兒子的所謂「改革」心爲不滿，在阿蒙霍特普遷離舊都底比斯六年之後，提伊太妃風塵僕僕趕往新都，她的目的有兩個，一個是希望說服兒子將「新教」解除，儘快恢復以前的阿蒙神教。在她看來，兒子是抵抗不過那些舊貴族和僧侶們的勢力的，最好趁早妥協；另一個目的是關於未來的王位繼承問題的，因爲奈芙蒂蒂連生六個女兒竟無一子，令王太后十分惱火，因此這次刻意帶了兩個年輕的王室成員，試圖在其中挑選未來的王位繼承人。

這兩件事都觸到了阿蒙霍特普敏感的神經，王后和兒子之間引發了一場爭吵，奈芙蒂蒂也因此受累，爲了不傷丈夫母子的和氣，被迫遷出王宮，獨自居住。

後果自然是不堪設想的，從此，奈芙蒂蒂被從埃及王室的歷史上一筆抹掉，國王阿蒙霍特普鬱鬱寡歡，性情變得暴烈。宗教改革最終也沒有徹底進行下去，他們的女兒們接連死去。

阿蒙霍特普和他的「幸福夫人」奈芙蒂蒂，這兩個當年充滿熱情和理想的兩個年輕人，沒有能夠在歷史慣性的道路上走的更遠，給世人留下了巨大的遺憾。

關於奈芙蒂蒂的頭像

奈芙蒂蒂的頭像已有三千三百年歷史，是由石灰岩與灰泥雕塑而成，這座雕像的複製品是最廣為流傳的古埃及藝術品之一，奈芙蒂蒂也成為最有名的古代女性之一，一般認為這尊雕像是在西元前一三四五年由雕刻家圖特摩斯（Thutmose）所雕刻而成。

一九一二年時，一支由德國考古學家路德維希・波爾哈特（Ludwig Borchardt）率領

的德國考古隊，在埃及阿瑪納（Amarna）的圖特摩斯工作室發現了娜芙蒂蒂的半身像。這座雕像在被發現後，被收藏於德國數個不同的地點，其中包括位於馬克斯・基瑟巴赫（Merkers-Kieselbach）市的鹽礦坑、柏林的達雷姆博物館（Museum Dahlem）、夏洛滕堡（Charlottenburg）的埃及博物館（Ägyptisches Museum）和柏林博物館島上的老博物館。奈芙蒂蒂像目前藏於博物館島上的新博物館（Neuen Museum）。

後蜀孟昶與花蕊夫人

後蜀後主孟昶（九一九年至九六五年），初名仁贊，後蜀高祖孟知祥第三子，也是後蜀的末代皇帝。在位三十一年，享年四十七歲。他即位初年，勵精圖治，興修水利，注重農桑，後蜀國勢強盛。但是他在位後期，貪圖逸樂、沉湎酒色，不思國政，生活荒淫，奢侈無度，朝政十分腐敗。

五代時，孟知祥爲西川節度使，後唐明宗死後，孟知祥僭稱帝號，歷史上名爲後蜀。孟知祥不出數月而死，其子孟昶繼位，是爲後主。

孟昶年僅十六歲，他愛好文藝辭賦，曾命人在石頭上刻《論語》、《爾雅》、《周易》、《尙書》等十經，盡依太和舊本，歷時八年才刻成。又怕刻石經流傳不廣，就刻爲木板，以便於傳流。後世用木刻本書，始於後主孟昶。

孟昶親政初始還能勵精圖治，隨著國家無事，便開始鬆懈起來。因紈褲子弟王昭遠好說大話、善於逢迎，便加以重用，凡一切政務，都任由王昭遠辦理。自己則酣歌恆舞，日夜娛樂。他爲了打球走馬，強取百姓的田地，作爲打球跑馬場，命宮女穿五彩錦衣，穿梭來往於場中，好似蝴蝶飛舞。

因後宮妃嬪沒有絕色美女，他廣徵蜀地美女以充後宮。青城有一姓費的女子，生得丰姿秀逸，且擅長吟詠，精工音律。後主聞其才色，選入宮中，十分嬖愛。因前蜀王建之妾小徐妃，號爲花蕊夫人，也就襲其名稱，封費氏爲花蕊夫人。

花蕊夫人既生成玉樣溫柔，花樣風流，更兼天賦歌喉，每逢侍宴，紅牙按拍，檀板輕敲，真個是響遏行雲，聲徐流水，餘音嫋嫋，繞梁三日。後主日日飲宴，覺得肴饌都是陳舊之物，端將上來，便生厭惡，不能下箸。花蕊便別出心裁，用洗淨的白羊頭，以紅麴煮之，緊緊捲起，將石鎮壓，以酒淹之，使酒味入骨，然後切如紙薄，吃起來風味無窮，號稱「緋羊首」，又名「酒骨糟」。

後主遇著月旦，必用素食，且好吃薯蘂。花蕊夫人以薯蘂切片，蓮粉拌勻，加用五

味調和以進，清香撲鼻，味酥而脆，並且潔白如銀，望之如月，宮中稱之爲「月一盤」。其餘肴饌，特別新製的不計其數。後主命御膳司刊列食單，多至百卷，每值御宴，更番迭進，每天都沒有重味的。

花蕊夫人最愛牡丹花與紅梔子花，後主因此開闢宣華苑，不惜金錢，四處收集牡丹花種，栽植於內。改宣華苑爲牡丹苑。當春花開時，雙開的有十株，黃的、白的各三株，黃白相間的四株，其餘深紅、淺紅、深紫、淺紫、淡花，巨黃、潔白；正暈、側暈，金含稜、銀含稜；傍枝、副搏、合歡、重疊台，多至五十葉，面徑七八寸，有檀心如墨的，花開後香聞十里。後主與花蕊夫人日夕在花下吟詩作賦、飲酒彈琴。

紅梔子花顏色淡紅，其瓣六出，清香襲人。花蕊夫人說梔子有牡丹之芳豔，具梅花之清香，是花中仙品。梔子花眾只得兩粒，民間還不曾見。有人便將花畫在團扇上向他人炫耀。後來竟相習成風，不但團扇上面畫著紅梔子花。豪家子弟們將梔子花繡在衣服上面，到處遊行。婦女把絹素鵝毛裁剪出來，做著紅梔子花，插在鬢上，作爲裝飾。一時之間，蜀中所有鳳釵珠環，金鈿銀簪，盡都摒而不用，一齊戴起紅梔子花來，成爲當時的風尙。

後主又下令國中，沿著城上盡種芙蓉。秋天芙蓉盛開，沿城四十里遠近，開得疊錦堆霞，一眼望去，好似紅雲一般。傾城婦女都來遊玩，珠光寶氣，綺羅成陣，簫鼓畫船，遂隊而行。後主御輦出宮，帶了無數的宮嬪女官，一個個錦衣玉貌，珠履繡襪，車水馬龍，

輾塵欲香，蜀稱「錦城」，至此可謂名副其實了。

每逢宴餘歌後，後主同花蕊夫人將後宮的佳麗召至御前，親自點選，揀那身材婀娜，姿容俊秀的，加封位號，輪流進御，特定嬪妃位號，爲十四品。其品秩相當於公卿大夫士，每月香粉之資，皆由內監專司，謂之月頭。到了支給俸金之時，後主親自監視，那宮人竟有數千之多，唱名發給，每人由御床之前走將過去，親手領取，名爲支給買花錢。花蕊夫人寫詩詠此事道：

「月頭支給買花錢，滿殿宮人近數千；遇著唱名多不語，含羞走過御床前。」

後主最怕熱，每遇炎暑天氣，便覺喘息不已，甚至夜間亦難著枕，便在摩訶池上建築水晶宮殿，以爲避暑之所。畫棟雕梁，飛甍碧瓦，五步一閣，十步一樓，複道暗廊，千門萬戶，紋窗珠簾，繡幕錦幃。又另外鑿了一處九曲龍池，蜿蜒曲折，有數里之長，通入摩訶池內；清波漣漪，朱欄迴環；池內盡植蓮花，青梗綠蓋，紅白相間，亭亭淨植，風來飄香。水晶宮殿矗立在池的中央，四圍均用木頭做成可以活動的橋梁。共有四座小橋，按著東西南北架立。要過橋時，一按池欄上面的機關，那橋須臾架好，便可從橋上走入殿內；不要橋時，將機關一拉，那橋自會收將起來。水晶宮大殿三間，都是楠木爲柱，沉香作棟，珊瑚嵌窗，碧玉爲戶，四周牆壁不用一塊磚石，用數丈開闊的琉璃鑲嵌而成；內外通明，毫無隔閡；一入其中，便好似進入琉璃世界。

最奇妙的是池內安著四架激水機器，將機括開了，四面的池水便一齊激將起來，高至數丈，聚於殿頂，仍從四面分瀉下來，歸入池中。那清流從高處直下，如萬道瀑布，奔騰傾倒；又如匹練當空，聲似琴瑟，清脆非凡。那池中的水珠兒，激蕩得飛舞縱橫，如碎玉撒空，卻又沒有一點兒激入殿裏來。無論什麼炎熱天氣，有這四面的清流，自上射下，那暑熱之氣，早已掃蕩淨盡，便似秋天一般了。

再看那殿中陳設的用品，全是紫檀雕花的桌椅，大理石鑲嵌的几榻，珊瑚屏架，白玉碗盞，沉香床上懸著鮫綃帳，設著青玉枕，鋪著冰簟，疊著羅衾。殿中懸巨大的明月珠，熠熠生光，似明月一般，夜裏不用點燈。孟昶攜了花蕊夫人，偕同宮眷移入水晶宮內，以避暑熱。

一天，後主酒後酣睡，直到半夜方才醒來，一翻身坐在冰簟上面，覺得甚是煩渴。正要喚宮人斟茶解渴，花蕊夫人已盈盈的步至床前，掛起了鮫綃帳，手托晶盤，盛著備下的冰李、雪藕，後主取來一吃，覺得涼生齒頰，十分爽快。便與花蕊夫人出去納涼。慢慢地行至水晶殿階前，在紫檀椅上坐下。

此時綺閣星回，玉繩低轉，夜色深沉，宮裏靜悄悄的絕無聲息。他們並肩而坐。天上微雲一抹，河漢參差，天淡星明，涼風吹時起，岸旁柳絲花影，皆映在水池中，被水波蕩著，忽而橫斜，忽而搖曳。花蕊夫人穿著一件淡清色蟬翼紗衫，被明月的光芒映射著裏外通明。但見她裏面隱隱的圍著盤金繡花抹胸，乳峰微微突起，映在紗衫裏面，愈覺得冰肌玉骨，粉面櫻唇，格外嬌豔動人。後主情不自禁把花蕊夫人攬在身旁，相偎相依。

花蕊夫人低著雲鬟，微微含笑道：「如此良夜，風景宜人。陛下精擅詞翰，何不塡一首詞，以寫這幽雅的景色呢？」

後主應允，立即取過紙筆，一揮而就。花蕊夫人接來觀看，是調寄《洞仙歌》一闋，詞裏寫：

「冰肌玉骨，自清涼無汗。水殿風來暗香滿。繡簾開，一點明月窺人；人未寢，欹枕釵橫鬢亂。起來攜素手，庭戶無聲，時見疏星渡河漢。試問夜如何？夜已三更，金波淡，玉繩低轉。但屈指、西風幾時來，又只恐、流年暗中偷換！」

花蕊夫人將「又只恐、流年暗中偷換」誦讀幾遍，對後主道：「陛下詞筆，清新俊逸，氣魄沉雄，可謂古今絕唱了。只最後一句未免使人傷感。」後主命花蕊夫人譜曲歌詠，自吹玉笛相和。唱到那「人未寢，欹枕釵橫鬢亂」，後主便將玉笛放慢，花蕊夫人卻隨著玉笛，延長了珠喉，一頓一挫，更加靡曼動人。至「又只恐、流年暗中偷換」，又變作一片幽怨之聲，如泣如訴，格外淒清。後主的笛聲也吹得迴環曲折，悽楚悲涼，那林間的宿鳥被歌聲驚動，撲撲飛起。

後主這樣的朝歡暮樂，光陰過得非常迅速。這時宋主已平荆南，兵威所加，無不摧

折。王昭遠說：「蜀地險阻，外扼三峽，宋兵焉能飛渡。」後主也就放心了。當下又有人獻議，勸後主通好北漢，夾攻汴梁。後主便從其議，修了書函，遣趙彥韜帶蠟書，由間道馳往太原。

哪知趙彥韜見後主荒於朝政，沉迷酒色，知道蜀中必要敗亡，他久已有心降宋，現在得著這個機會，便帶了蠟書，暗中馳至汴京，把後主蠟書進入宋太祖。太祖看了此書，不覺笑道：「朕要伐蜀，正恐師出無名，現在有了這封書信，便可借此興兵了。」遂即調遣軍馬，命忠武軍節度使王全斌，爲西川行營都部署，率馬步軍六萬人，分道入蜀。太祖已在汴河之濱爲蜀主治第。多至五百餘間，供張什物，一切具備。

太祖久聞花蕊夫人天姿國色，是個尤物，心內十分羨慕，惟恐兵臨成都，花蕊夫人爲兵將所蹂躪。所以諸將臨行之時，他便再三囑咐，不准侵犯蜀主家屬，無論大小男婦，都要好好的解送汴京。太祖爲後主在汴京造屋，原含著一片深意在內的。

孟昶聽到宋兵入蜀，便也調集人馬，命王昭遠爲都統帶領大兵，抵拒宋師。孟昶又遣玄喆率精兵數萬守劍門。玄喆用車載著愛姬，攜樂器、伶人數十以從，蜀人都竊笑。王昭遠好讀兵書，以方略自許，他自負不凡道：「此行不是克敵，便是進取中原，直搗汴京，當領此二三萬雕面惡少兒，取中原如反掌爾！」

昭遠飲酒已畢，率領人馬啓行，手執鐵如意，指揮軍士，自比諸葛亮。誰知剛一接戰，兩員大將被活擒過去。蜀兵逃也來不及；連軍中帶的三十萬石糧米，也為宋兵所得。王昭遠還說勝敗兵家常事，只要自己出去，一場廝殺，便可把宋兵殺得片甲無存了。他口內雖說著大話，卻不敢率兵前進，只在羅川列了營寨，等候宋軍。

後來被宋軍夾擊，退保劍門。轉眼劍門失守，昭遠被宋兵將鐵索套在頸上，好似牽猴子一般牽將去了。後主修起降表，齎往宋營。

後主及家眷被押往汴京。沿路由峽江而下，山川崎嶇，道路難行，花蕊夫人嬌怯怯的身軀，經受了這樣風霜之苦，抱著一腔亡國之恨，秋水凝波，春山斂黛，十分幽怨。這日道經葭萌關，在驛中憩息。後主孟昶有軍士監守，另居一室；花蕊夫人帶了兩名宮人，居於左首一間屋內。花蕊夫人瞧著這般模樣，回想盛時，在宮中歌舞宴飲，何等歡樂，今日國亡家破，身為囚虜，尚不知到汴京時性命如何，心內想著，好不傷感。

獨自一人涕泣了一會兒，覺得一盞孤燈，昏慘慘的，不勝淒涼，再看兩個宮人，已是睡得和死人一般。花蕊夫人要睡又睡不去，要想把燈剔亮。卻又沒有燈檠，只得將頭上的金鳳釵取下，把燈剔亮，那胸中的哀怨無處發洩，便隨意填的一闋小令，取過筆墨，要寫了下來，卻又沒有箋紙，只得蘸著筆，在那驛壁上寫道：

「初離蜀道心將碎，離恨綿綿，春日如年，馬上時時聞杜鵑。」

到汴梁後，孟昶舉族與官屬一併到了京裏，素服待罪闕下。太祖將他封為檢校太師，

兼中書令，授爵秦國公，賜居汴河之濱的新造第宅。太祖久聞孟昶之妾花蕊夫人豔麗無雙，極思一見顏色，借慰渴念，但一時不便特召，只好借著賞賜，孟昶一行必定進宮謝恩，就可見花蕊夫人了。

到了次日，孟昶偕妻妾一同入宮拜謝聖恩。太祖便擇著次序，一個一個召見。到得花蕊夫人入謁，太祖格外留神，覺得她才至座前，便有一種香澤撲入鼻中，令人心醉。仔細端詳，真是天姿國色，不同凡豔，千嬌百媚，難以言喻。折腰下拜，好似迎風楊柳，婀娜輕盈。太祖已看出了神，好似酒醉一般失了知覺。等到花蕊夫人口稱臣妾費氏見駕，願皇上聖壽無疆，這一片嬌音，如珠喉宛轉，嚦嚦可聽。太祖的眼光射住在花蕊夫人身上，一瞬也不瞬。

花蕊夫人也有些覺著，便瞧了太祖一眼，低頭斂鬟而退。這臨去時的秋波一轉，更是勾魂攝魄，直把個太祖弄得意馬心猿，竟致時時刻刻紀念著花蕊夫人，幾乎廢寢忘餐。恰值此時，皇后王氏於乾德六年崩逝，六宮春色雖然如海，都比不上花蕊夫人的美貌。太祖正在擇后，遇到這樣傾國傾城的佳人，如何肯輕易放過？思來想去，便將心腸一硬道：「不下毒手，如何能得美人？」當下決定了主意。

便在這一天，召孟昶入宮夜宴，太祖以卮酒賜之，並諭令開懷暢飲，直至夜半，方才謝恩而歸。至次日孟昶遂即患病，胸間似乎有物梗塞，不能下嚥。延醫診治，皆不知是何症候，不上兩日，即便死去，時年四十七歲，從蜀中來到汴京，不過七天工夫。

太祖聞得孟昶已死，爲之輟期五日，素服發喪，贈布帛千匹，葬費盡由官給，追封爲楚王。花蕊夫人全身縞素，愈顯得明眸皓齒，玉骨珊珊，太祖便趁此機會把她留在宮中，逼令侍宴。花蕊夫人在這時候身不由己，也只得宛轉從命。飲酒中間，太祖知道花蕊夫人能詩，在蜀中時，曾作宮詞百首，要她即席吟詩，以顯才華。花蕊夫人奉了旨意，遂立吟一絕道：

「君王城上樹降旗，妾在深宮哪得知；十四萬人齊解甲，更無一個是男兒。」

花蕊夫人本是個天生尤物，飲了幾杯酒，紅雲上頰，更覺嫵媚動人。數杯酒後，太祖便把她摟抱在懷，盡情調弄。碰著花蕊夫人又是帶羞含嬌，若即若離，滿臉泛著紅雲，一陣陣只是香喘，把個太祖愈弄得神魂飛越，情不自禁。於是罷酒撤肴，把花蕊夫人擁入寢宮，盡其歡樂。花蕊夫人床第工夫極好，服侍得太祖心酣意暢。到了次日，即冊立爲貴妃。花蕊夫人既順從了太祖，又受封爲妃，少不得拿出在蜀中引誘孟昶的手段來，引誘太祖，每日裏歌舞宴飲，取樂不已。

花蕊夫人自入宮冊立爲妃後，太祖臨幸無虛夕，每一退朝，便不往別處，專來和她作樂。這日退朝略早，徑向花蕊夫人那裏而來，步入宮內，見花蕊夫人正在那裏懸著畫像，點上香燭，叩頭禮拜。太祖不知她供的什麼畫像，即向那畫像仔細看視。只見著一個人端

坐在上，眉目之間，好似在何處見過一般，急切之間又想不起來，心內好生疑惑，遂問花蕊夫人道：「妃子所供何人，卻要這樣虔誠禮拜？」

花蕊夫人不意太祖突如其來，被他瞧見自己的秘事，心下十分驚慌，又聽得太祖追問，便鎮定心神道：「此即俗傳之張仙像也，虔誠供奉可以得嗣。」

太祖道：「供奉神靈，乃是好事，況且妃子又爲虔求子嗣起見，儘管打掃靜室，供奉張仙便了。」

其實花蕊夫人與蜀主孟昶十分相愛，自從孟昶暴病而亡，她被太祖威逼入宮，勉承雨露。雖寵冠六宮，心裏總拋不下孟昶昔日的恩情，所以親手畫了孟昶的像，背著人私自禮拜。不料被太祖撞見，追問原由，便詭說是張仙之像，供奉著虔誠求子嗣的。太祖非但毫不疑心，反命她打掃靜室，虔誠供奉，以免褻瀆仙靈。

花蕊夫人於是收拾了一間靜室，把孟昶的像高高懸起，每日裏焚香點燭，朝夕禮拜，十分虔誠。那宋宮裏面的妃嬪，聽說供奉張仙可以得子，哪個人不想生下個皇子，以爲後來富貴之地。都到花蕊夫人宮中，照樣畫了一幅，前去供養起來。從此這張仙送子的畫像，竟從禁中傳出，連民間婦女想生子的，也畫了一軸張仙，香花頂禮，至今不衰。

可說孟昶死了還走桃花運。後人有詩詠此事道：「供靈詭說是靈神，一點癡情總不泯；千古艱難惟一死，傷心豈獨息夫人。」

太祖自孟昶來至汴京，曾在汴河旁邊新造的邸第，五百多間大廈，賜他居住。現在孟昶母子俱已亡故，花蕊夫人又復入宮，便命將邸第中的東西收入大內。侍衛們奉了旨意，前去收拾，連孟昶所用的溺器也取了回來，呈於太祖。原來孟昶的那溺器，乃用七寶鑲成，式樣精巧，名貴無匹。估估它的價值，當不止十倍於連城之璧！侍衛們見了，十分詫異，不敢隱瞞，所以取回呈覽。

太祖見孟昶連溺器也這樣裝飾，不覺嘆道：「一個溺器也用七寶鑲成，更用什麼東西貯食物呢？奢侈到這樣，哪得不亡國！」遂命侍衛將溺器撞碎。

太祖因中宮久虛，擬立花蕊夫人爲后，便與趙普密議。趙普說，亡國之妃不足母儀天下，這才作罷。太祖曾有金匱之盟傳位光義的事，花蕊夫人心裏很有些替德昭不服，常常在太祖面前說：「皇子德昭很有出息，將來繼承大統，必是有道明君。陛下萬不可遵守遺詔，捨子立弟，使德昭終身抱屈。」趙光義得知，深恨花蕊夫人，一心要將她治死。在一次宮廷圍獵中，被趙光義一箭射死。

蜀中四大才女

卓文君、薛濤、花蕊夫人、黃娥，並稱為蜀中四大才女。

卓文君為臨邛大富商卓王孫之女，貌美有才氣，好音律，善鼓琴，新寡喪夫後，許多名流向她求婚，她卻看中窮書生司馬相如。司馬相如能彈琴作詩，長得又帥，卓文君從中領會到他的才華和情感，一心相愛，隨他私奔後，開了個酒鋪，文君當壚賣酒，相如則作打雜，不怕人譏笑。後卓王孫礙於面子，接濟二人，從此二人生活富足。後來司馬相如終於成名天下。而文君夜奔相如的故事，則流行民間，並為後世小說、戲曲所取材。

薛濤，其父薛鄖是一京都小吏，安史之亂後居成都，薛濤幼時即顯過人天賦，八歲能詩，十四歲時，薛鄖逝世，薛濤與母親裴氏相依為命，迫於生計，便憑自己過人的美貌及精通詩文音律的才情，開始在歡樂場上侍酒賦詩、彈唱娛客，被稱為「詩伎」。唐德宗時，朝廷拜中書令韋皋為劍南節度使，統略西南，韋皋是一位能詩善文的儒雅官員，他聽說薛濤詩才出眾，而且還是官宦之後，就破格把她召到帥府侍宴賦詩。一年後，韋皋惜薛濤之才，準備奏請朝廷讓薛濤擔任校書郎官職，後雖未付諸現實，但「女校書」之名已不脛而走。

最後一名黃娥，為明代女文學家，狀元楊慎之妻。以《寄外》詩聞名當世。又工於散曲，在明時已有刊本《楊升庵夫人詞曲》五卷，又有《楊夫人樂府》，其中多與楊慎《陶情樂府》所收者相混。

怪癖王南漢後主劉鋹

南漢後主劉鋹（九四二年至九八〇年），原名劉繼興，五代時期南漢君主，是南漢帝劉晟的長子，原封衛王。南漢乾和十六年（九五八年）劉晟去世，劉繼興繼位，改名劉鋹，改元大寶。劉鋹不會治國，政事皆委由宦官龔澄樞等人處理，政事紊亂。大寶十四年，宋軍節節進逼，劉鋹挑選十幾艘船，滿載金銀財寶及嬪妃準備逃亡入海；還沒出發，宦官與衛兵就盜取船舶逃走，劉鋹只好投降，南漢亡。

五代十國時，南漢國王劉晟吃丹藥喪命。其子劉鋹嗣位，劉鋹即位之後，易名為劉鋹。

劉鋹性行昏懦，以盧瓊仙、黃瓊芝爲侍中，參決政事。信任宦官龔澄樞，國家大政，皆由龔澄樞指示可否。最令人不解的是：凡群臣有才能的，或者讀書的士子中了進士、狀元，皆要先閹割了然後進用。即便是和尚道士，劉鋹想與其談禪論道，也要先閹割了再說。在劉鋹認爲，百官們有家有室，有妻兒老小，肯定不能對皇上盡忠。有些趨炎附勢的人，居然自己割了陽具以求進用，於是南漢幾乎成爲閹人之國。時人稱未受閹割之刑的人爲門外人，而稱已閹割者爲門內人。

劉鋹重用宦官，事事都惟內官之言是從。其時有個宦官陳延壽，原是個無賴之徒，後來因姦淫婦女被下了蠶室，便進宮內充當一名內侍。因他性情靈巧，善於趨承，慢慢獲得了劉鋹的信任。陳延壽想邀取劉鋹的寵幸，便將女巫樊鬍子舉薦進宮內。樊鬍子以送神請仙，畫符咒水來騙錢謀生。她自稱奉了玉皇大帝的使命，特來輔佐劉鋹剷平四海統一天下。

劉鋹半信半疑，樊鬍子頭戴遠遊冠，身穿紫霞裾，腰束錦裙，足蹬朱紅履，打扮得不僧不俗，不男不女。接著作出玉皇大帝附身的樣子，胡言亂語說劉鋹本是玉皇大帝的太子下凡，來當掃平諸國，統一天下。且命樊鬍子、盧瓊仙、龔澄樞、陳延壽等降臨人世，輔佐太子皇帝，這四個人皆是天上神聖，偶然不慎犯了什麼過失，太子皇帝也不得加以懲治。劉鋹忙俯伏在地，誠惶誠恐地不住磕頭。從此宮中都稱劉鋹爲太子皇帝。

劉鋹也自以爲是玉皇大帝的太子降凡，因此有恃無恐，愈加暴虐起來。他制定了燒、煮、剝、剔、劍樹、刀山等各種殘酷的刑罰。臣民稍有過錯，就用毒刑處置，因此搞得人人驚懼，甚至熟人在路上相遇，只能相互使眼色，而不敢多說一句話。

他在後苑養了許多虎豹之類的猛獸，將罪犯的衣服剝去，驅入苑中，讓他赤身與虎、豹、犀、象角鬥。劉鋹領了後宮侍妾在樓上觀看，每聽到慘叫的聲音，他就拍手大笑，以此爲樂。

內侍監李托有兩個養女，都生得如花似玉，選入宮中，長者封爲貴妃，次者封爲才人，劉鋹極爲寵愛。他每夜與李氏姊妹飲酒歌舞，酒後以觀看罪犯被猛獸撕咬爲樂。劉鋹心情不好的時候，便將平日討厭的大臣捉來，或是燒煮，或是剝剔，或上劍樹，或上刀山。那些文武大臣整日栗栗危懼，見了劉鋹，好似見閻王一般。

劉鋹經常出外微行，有時帶一二個內侍，有時獨自一人至街市中亂闖。酒店、飯館、花街柳巷，無處不到。倘若倒楣的百姓遇見了他，偶有一二句言語不謹慎，觸犯了忌諱，或是得罪了他，頓時便命衛士捉進宮去，剝皮剔腸，鬥虎抵象，活活地送了性命。當時南漢的百姓偶然見到陌生人，便懷疑是皇帝來了，一齊張口結舌，連話也不敢多講。

有一天，劉鋹獨自出宮，偶然走到一座古董店前，櫃檯裏面坐著一個年輕女子，皮膚略黑，身體很肥腴，眉目之間現出妖豔的神態。劉鋹走上去搭訕。原來那女子是波斯人，

劉鋹將女子弄進宮裏。這波斯女豐豔善淫，曲盡房術，床笫之間有不可言傳的妙處，把劉鋹弄得神魂顛倒，大加寵愛。因其黑而肥，賜號爲「媚豬」。媚豬又選擇宮中體態善淫的宮女九人，盡傳她的房中術，使隨自己一同去服侍劉鋹。劉鋹一時大開淫心，將九人各個賜號：一個高大肥胖的，稱做媚牛；一個瘦削雙肩的，稱做媚羊；一個雙目盈盈如水的，稱做媚狐；一個雙乳高起如楊貴妃的，稱做媚狗；一個香喘細細、嬌啼婉轉的，稱做媚貓；一個額廣面長的，稱做媚驢；一個雪膚花貌，水肥玉骨的，稱做媚兔；一個喜嘯善援的，稱做媚猿；一個聲如龍吼的，稱做媚獅。以媚豬爲首，總稱爲十媚女。

媚豬房術之厲害，往往使劉鋹棄甲曳兵。劉鋹只得訪求方士，覓取健陽藥，以與媚豬在床上相抗衡。劉鋹在殿間開了一窗，窗戶上擺了籌碼，命宮女守候，他每與媚豬宣淫一次，宮女就即投一籌碼，一夜之間，最少十餘個籌碼，宮女被稱爲「候窗監」。

劉鋹愛看男女交歡，他選擇許多無賴青年，以及宮內的幼年宮女，命男女都脫去衣服，聚在一起互相交歡。劉鋹與媚豬往來巡行，記其勝敗，若男勝女，更加以賞賜；若女勝男，便說那男子是個廢物，輕則閹割，重則燒煮剝剔餵虎豹。

有個名叫素馨的宮女，天姿國色，她常穿著白夾衫，帶素馨花，雲髻高盤，滿插花朵，遠遠望去好似神仙。劉鋹對她十分變愛，特地爲了素馨造起一座芳園林。園內種植名花，到春間百花盛開，便命素馨率領眾宮女作鬥花之會。每逢開花之期，劉鋹在天明時親

自開了園門，放宮女們入內採擇花枝。待採擇齊備，立即關閉園門，齊往殿中各以花枝角勝負。鬥花勝的，當夜蒙御駕臨幸；鬥花敗了的，罰金錢置備盛筵爲勝者賀功。芳林園中除了眾花之外，又栽了許多荔枝樹，荔枝熟時，如同貫珠，顏色鮮紅，燦若雲霞。劉鋹在花下大張筵宴，美其名曰「紅雲宴」。

劉鋹性情雖然暴虐，天資卻很聰慧，常用珍珠結爲鞍勒，作戲龍的形狀，精巧異常。他命人入海採珍珠，多至三千人。在宮裏無事時，便以魚腦骨作托子，鏤椰子爲壺，雕刻精工，細入毫芒，連有名的雕刻工匠見了劉鋹所製器物，都詫爲世所罕有。劉鋹以珍珠裝飾宮殿，一代之尊，極盡奢侈，並在合浦置媚川都，置兵八千專以採珠爲事。珠民採珠時，將石頭繫在珠民的腳上，深入海裏七百尺，珠民溺死者無數。

南漢地狹力貧，劉鋹這樣奢侈無度，不久府藏已空虛。劉鋹便增加賦稅，凡邑民進城的，每人須輸納一錢。瓊州地方，斗米稅至四五錢。每年的收入，都作了築造離宮別館及奇巧玩物的花費。宦官陳延壽製作諸般淫巧，日費數萬金。陳延壽勸劉鋹除去諸王以免後患，於是劉氏宗族被屠戮殆盡。舊臣宿將非誅即逃。以致朝堂上官員一空，只剩下了李托、龔澄樞、陳延壽和一班太監。所以宋朝的軍隊前來討伐，劉鋹也毫不知情。

當宋兵距賀州只有三十里路，劉鋹才得消息，但此時南漢掌兵的人都是些宦官；再加上城壕都設爲宮觀池沼，樓艦皆毀，兵械腐敗，所以劉鋹束手無策。當時有個宮女梁鸞真保奏郭崇嶽可以退敵。郭崇嶽專事迷信，日夜祈禱鬼神，想請天兵天將來退宋軍。誰知郭崇嶽每天叩頭祈禱，仍是沒有應驗。宋兵勢如破竹，劉鋹急取船舶十餘艘，上載金寶妃嬪，意欲浮海逃生。還未來得及跑，宦官樂範盜了船先行一步遁去。劉鋹只得詣宋營乞降。南漢自劉隱據廣南，至劉鋹亡，共六十五年。

劉鋹被押送至汴京，宋太祖責問劉鋹暴虐人民，橫徵賦稅之罪。劉鋹反而不慌不忙，向太祖叩頭說：「臣僭位之時，年方十六，龔澄樞、李托等，皆先朝舊人，每事悉由他們作主，臣不得自專，所以臣在廣州，澄樞等才是國主，臣反似臣子一般，還求陛下垂憐！」史稱劉鋹口才極好，此寥寥數語已可見一斑。宋太祖聽了劉鋹的話，赦免了劉鋹，並賜錦衣冠帶，授了官職。看到劉鋹親手用珍珠寶石結成的一條龍，宋太祖嘆息地對左右說：「劉鋹好工巧，習與性成，若能移治國家，何至滅亡。」

事業做很大

亞歷山大大帝的征服

亞歷山大大帝（西元前三五六～三二三年），其名字「亞歷山大」意為「人類的守護者」。他是古代最偉大的軍事指揮官，對馬其頓帝國領土的擴展居功厥偉。他最偉大的成就就是征服希臘的宿敵波斯，也是史上第一個創建橫跨歐、亞、非三個大陸帝國的霸主。卻在三十三歲時英年早逝。沒有亞歷山大的帶領，其帝國不久後也終告瓦解。

馬其頓王國的宮廷大殿內燈火敞亮，人潮湧動，到處都擺著巨大的婚禮圓桌，一場古代世界歷史上規模少見的大型集體婚禮開始舉行了。

國王亞歷山大高高坐於大殿中央，一派君臨天下的氣勢，不過，今天國王並非要處理政務，而是要做這場集體婚禮中的最尊貴的一位新郎。早在幾個月前，國民中間即悄悄流行一種說法——國王要娶一位東方女子爲妻。這讓大家很吃驚，因爲尊貴的王后只有本國佳麗才有榮幸和資格擔當，但無論如何，婚禮如期舉行，各新郎官按照官職高低依次排列，魚貫而入大殿，逐個尋找早已在內等待他們的新娘們，亞歷山大則如願牽過了來自亞洲的芭魯希內的纖纖玉手，掀開了馬其頓歷史上嶄新的一頁。

亞歷山大登上帝位之後，發起了歷時十多年的征伐行動，逐個進兵亞非諸國，攻城掠地，戰國輝煌，很快就建立了橫跨歐亞非三大洲的大帝國。人們往往以他的名字命名，稱爲亞歷山大帝國，以皇帝之名來稱呼一個大帝國這樣的情況，在歷史上很少見。

發動征伐之前，因爲受到老師亞里斯多德的精心培育，亞歷山大吸收了古希臘文明的先進成果，也對希臘文明懷有一種憧憬和嚮往的心態，對別的文明方式有些不屑一顧。隨著長年累月的征伐，亞歷山大的想法逐漸改變了，他發現了許多優秀文明的極其燦爛的思想和生活方式。

爲了更好地將自己的大帝國融爲一個親密無間的整體，亞歷山大決定加強與東方諸國之間的溝通和交流，於是不顧國內保守勢力的反對，亞歷山大毅然決定以通婚示好的辦法加深不同文明之間的互相理解。亞歷山大先後迎娶了三位來自異國的女子，將她們奉爲尊

貴的皇妃。

第一位即是我們上文看見的在那次規模龐大的集體婚禮中迎娶的芭魯希內，這是一位來自波斯古國的美麗女子。

波斯古國本是亞歷山大的征戰對象，在這個國家，軍隊高級將領出來打仗都要將妻室帶在身邊。一方面因爲波斯古國戰爭不斷，很難有固定安全的居所，妻子帶在身邊可以隨時保護；另一方面也是爲了解決軍隊將領們的生活之需，使他們安於戰爭，杜絕後顧之憂。

在一次大戰之後，波斯一位高級將領被俘，妻室也隨之被俘虜過來，這名女性俘虜溫柔美麗，被亞歷山大的一位智囊看在眼中，靈機一動，建議主人娶之爲妻，一來爲主人找個好妻子，二來緩解馬其頓與波斯古國之間的衝突狀況，避免戰爭帶來的巨大傷亡。

亞歷山大採納了這個不錯的建議，不顧別的保守派的貴族們的反對，在結束戰爭之後僅僅兩個月即舉行盛大的集體婚禮，除了慶祝自己的婚禮，還鼓動高級將士和東方女子結婚。

在婚禮上，亞歷山大高聲宣布：「馬其頓人和東方女子結婚，可以減免諸多項目的稅收。」婚後，許多新婚夫婦收到了國王的豐厚禮物。芭魯希內後來爲亞歷山大生下一子，很早離開人世。

亞歷山大和另一位女性羅克姍娜之間的婚姻，則是一場真正愛情的自然結果。

據說亞歷山大在中亞細亞的大草原上連日征戰數日之後，終於打敗來自大夏國的敵人。爲慶祝勝利，士兵們點起篝火熱烈狂歡，被俘的大夏國女子被要求跳舞助興。當閃耀不定的火光之中，跳動出一位美麗的異國女子的窈窕身影之時，國王的眼球情不自禁地被吸引過來了。

只見那女子舞姿飛動，令人眩目。很快，「東方美女以愛情征服了意志堅強的大帝」，兩人舉行了盛大的婚禮，婚後生活很幸福，國王和王妃令人羨慕的愛情和婚姻被人們津津樂道，許多畫家曾以二人婚姻爲題作畫，比如義大利畫家萊勒塞的《亞歷山大與羅克姍娜的婚禮》，一直保存至今。

亞歷山大和羅克姍娜之間的甜蜜生活持續了僅僅五年。在對亞洲的一次征戰中，亞歷山大突然去世，據說身患惡性瘧疾，年僅三十三歲。丈夫英年早逝使羅克姍娜悲痛不已，當時她已身懷亞歷山大的孩子，爲了將孩子順利地產下，羅克姍娜強忍悲痛，返回馬其頓尋求亞歷山大母親的照料和庇護。在難捱的十月懷胎之後，羅克姍娜順利產下一子，人稱小亞歷山大。

爲了能夠讓小亞歷山大繼承父親的遺志，羅克姍娜與亞歷山大的母親對孩子百般呵護，悉心培養，渴望他有一天能重振亞歷山大帝國之雄風。不幸的是，馬其頓群龍無首，

很快就發生內亂，三位掌握軍事權力的軍官各自爲政，馬其頓一分爲三。曾經一統天下的亞歷山大帝國從此風光不再，勢力孤單的羅克姍娜母子被迫離開馬其頓，逃亡他處，不久之後，母子雙雙被人殺害，一段曾經美滿幸福的愛情最終以悲劇收場。

亞歷山大還曾娶過波斯帝國大流士三世的女兒斯塔特拉爲妻，但這是一場毫無愛情可言的失敗婚姻。爲了和波斯達成某種程度的妥協，亞歷山大締結了這場政治婚姻，斯塔特拉這位東方女子並沒給亞歷山大留下一子半女，婚姻僅僅維持兩年，斯塔特拉即離開人世。據說是因爲羅克姍娜憤恨亞歷山大迎娶了斯塔特拉，所以設計將之害死。不過，歷史記載中的羅克姍娜美麗賢慧，深愛著亞歷山大，很理解丈夫渴望與波斯文明加強溝通的意圖，想來不會僅僅爲了嫉妒就暗下殺手，毒死情敵。

隨著亞歷山大的去世，馬其頓帝國走向瓦解之路，但是，亞歷山大渴望加強東西方文明的交流和溝通的藍圖構想並沒有徹底結束，由於亞歷山大的不斷努力，馬其頓帝國之後的東西方文明之間的交匯融合大大加深，歷史走向了一個各文明互通有無的時代。

亞歷山大大帝的故事

據說亞歷山大出生時，有一座女神殿失火焚毀，附近人心惶惶，幾個占卜師都說是大災難來臨的前兆，此時有一人卻說：

「女神殿的焚毀日，已有一個男孩在同日誕生，此子以後將會滅亡全亞洲。」

亞歷山大從小興趣廣泛又聰明勇敢，十二歲時，曾馴服過別的騎手都不能駕馭的烈馬。其父腓力普二世便感嘆道：「我兒，征服屬於你的領土吧，馬其頓對你來說實在太小了！」

他十三歲時，他的父親為他聘請了當時希臘最博學的人：亞里斯多德作家庭教師，學習哲學、醫學、科學等各方面的知識。腓力普二世還讓亞歷山大接受有系統的軍事訓練，練就他強健的體魄與氣質。

最愛結婚的皇帝

風流王亨利八世

亨利八世（Henry VIII，一四九一年六月廿八日至一五四七年一月廿八日），是英格蘭亨利七世次子，都鐸王朝第二任國王。一五〇九年繼位。他也是愛爾蘭領主，後來成為愛爾蘭國王。亨利八世為了娶新皇后而與當時的羅馬教宗反目，推行宗教改革，使英國教會脫離羅馬教廷，自己成為英格蘭最高宗教領袖，並解散修道院，使英國王室的權力因此達到頂峰。

亨利八世是都鐸王朝最爲偉岸的一位國王，素有美男子之稱。他一生在位三十八年，曾建立一個高效的政府和強大的海軍。他推行的宗教改革促進了社會的改善。可以說他是英國歷史舉足輕重的人物之一。然而人們對亨利八世更爲津津樂道的是他和他夫人們上演的多幕婚戀劇。

亨利八世是都鐸王朝皇帝亨利七世的次子，按皇室繼承體制，作爲次子是無緣於王位的繼承的，父親也早已將他哥哥亞瑟立爲王儲。然而上帝格外垂青這位小王子，在他十一歲的時候，兄長亞瑟不幸因病早逝，小亨利名正言順地成爲未來皇位的繼承人。

亞瑟的悄然逝去，不僅爲弟弟留下了寶貴的王位，還爲他留下了一位漂亮而富有的妻子。原來亞瑟過逝的前一年，即一五〇一年，他與西班牙公主凱薩琳結婚，凱薩琳爲他帶來了一份多達二十萬德克（相當於美金五百萬）的嫁妝。他的父親亨利七世不願在失去兒子的同時再失去這一大筆財富，另一方面出於同西班牙的政治關係，決定讓年僅十一歲的小亨利與寡嫂凱薩琳訂婚。亨利八世與首任夫人凱薩琳的婚戀正式拉開序幕。

一五〇九年，亨利已長成一個英俊、瀟灑的小夥子，並正式登上王位，開始執政。好事成雙，在登基即位的喜樂聲中，他與凱薩琳完成了結婚慶典。凱薩琳生得嬌小嫵媚，秀麗動人，天然一派雍容華貴的氣度。亨利八世對這位寡嫂一見傾倒，婚後的一段時間內，他們陶醉在幸福和歡樂中。

一五一一年，凱薩琳爲亨利生下了第一個兒子，亨利八世欣喜若狂，但小嬰兒只活了六個星期便夭折了。國王與王后陷入了深深的悲痛之中。一五一三和一五一四年，凱薩琳

為亨利又生下兩個男孩，但都是剛生下來就夭折。無嗣的結果使亨利神情沮喪，他與凱薩琳之間開始出現裂痕，甚至萌生了離婚的念頭。

一五一六年，亨利的心頭再次燃起希望，凱薩琳又懷孕啦。這一次還好，嬰兒順利出生了，是個女孩，取名瑪莉。女兒也可以繼承王位，但女兒遲早是要嫁人的。亨利有一點焦慮，但還在不斷安慰自己，「王后和我還年輕，這次生了一女，上帝祝福，以後還會生男孩的」。等待，無休止的等待，亨利在等待著奇蹟的出現。兩年後，凱薩琳又懷孕了，嬰兒出生了，是個死胎。

這次亨利徹底失望了，他感到一陣陣恐懼，他無法面對他九泉之下的父親和轄下的子民。他正式向羅馬教皇提出與凱薩琳離婚，為了實現離婚的目的，他編造謊言，說他與寡嫂結婚違犯上帝的旨意，兒子夭折就是上帝對他的懲罰，只有離婚才能得到上帝的寬恕。

在教皇面前，凱薩琳伏倒在地，苦苦哀求亨利不要遺棄她。她還質問亨利，她到底有什麼罪過，使他不顧十幾年的夫妻感情要拋棄她。亨利把她扶起來並對她說，他承認，這是一項美滿的婚姻，他之所以這樣做的理由，完全是為了皇統，為了國家。

當時教皇在神聖羅馬帝國的皇帝查理五世的控制之下，而查理五世是凱薩琳的外甥，於是離婚的請求被教皇委婉拒絕。凱薩琳暫時得到了勝利，然而她與亨利之間的夫妻關係已經名存實亡，凱薩琳一氣之下出家為尼。

亨利提出離婚，真的是如他所說的爲了皇統和國家嗎？事實並未如此。亨利是一個風流的人，人不僅長得高大英俊，對音樂、網球、騎術也是無所不通，年輕時騎馬打獵，一天能累倒十匹駿馬。他也非常聰明，自幼掌握了三種外語：法語、西班牙和拉丁語。在他當政的前二十年裏，他把一切政府事務交給首席大臣，自己盡情地享受著生活的樂趣。如此酷愛享受之人，他才不願再死守著這位早已容顏消逝的「老皇嫂」，更何況還是一個喪失了生育能力的女人。

向凱薩琳提出離婚時，亨利正在迷戀宮中一位名叫安娜・波琳的女子。離婚的部分原因就是安娜已懷有身孕。亨利的二次婚戀就從這裏開始。

安娜・波琳生於一五一二年，父親是個有錢的商人，她從小便被送到法國接受教育，養就了一種羅曼蒂克的性格。二十歲時回國，在凱薩琳身邊當了一名女官，很快與一位貴族的兒子陷入了愛河，並準備結婚。這時，亨利八世正因沒有兒子而對凱薩琳日漸厭惡，他需要一個年輕而又能生兒子的妻子。安娜・波琳性情浪漫，亨利八世看在眼裏，喜在心上，幾次對安娜暗送秋波。

安娜本已訂婚，但她仍對亨利八世投懷送抱。一五三三年初春之際，大家忽然發現安娜的肚子大了。亨利是最著急的一個，他不是怕臣民們對他說三道四，而是怕萬一生下的是男孩，作爲私生子是沒有合法的王位繼承權的，於是他向妻子凱薩琳提出離婚。

離婚請求被教皇拒絕後，亨利又幾次三番提出交涉，但仍然毫無結果。這使亨利惱羞成怒，甚至產生了脫離羅馬教會的念頭。爲了這個未知男女的胎兒，英國付出了巨大的代價。羅馬教廷立即將身爲一國之王的亨利八世革除教籍，神聖羅馬帝國威脅要武力聲討英國的叛教罪行，並斷絕經濟貿易。國內外反亨利八世宗教改革的呼聲此起彼伏。但在謀臣克倫威爾的幫助下，亨利改革宗教議會，使英國教會擺脫羅馬教廷，成爲英國國教。這樣，一五三三年，因亨利的幫助而繼任的坎特伯雷大主教克蘭默宣布亨利八世與凱薩琳的婚姻無效，亨利的第一次婚姻正式告終，凱薩琳在憂鬱中於三年後死去。

亨利與安娜如願以償地舉行了結婚儀式，很快安娜分娩了，爲亨利再生一女，即後來的女王伊莉莎白一世。

這個結果顯然不是亨利八世理想中的。安娜跪在亨利面前表示，一定要努力爲亨利生一位王子。但此時，亨利已把興趣轉移到一個侍女西摩的身上，安娜處處受到亨利的厭棄。一五三六年一月，安娜聽說亨利騎馬出了事，過度震驚而流產，是一個男嬰。亨利聞訊暴跳如雷，一遍遍地指責她。痛恨安娜的人也趁機落井下石，檢舉她行爲失檢。

安娜有一位英俊的哥哥常出入宮廷，他在亨利八世處於宗教和婚姻危機時曾出過大力，幫助國王和妹妹渡過難關。他組織了對托期・莫爾的審訊，並千方百計地將其判了死刑，除去亨利八世的一大政敵。但現在亨利八世突然翻臉，指責安娜・波琳與哥哥有私情。經過審訊，亨利確認安娜與五個人通姦。最後，這五人先後被處以絞刑，安娜亦隨其後。

據說，當安娜·波琳在獲知她必死無疑後，在死刑執行的前十天裏，她每天晚上都反覆地做一種練習——死的練習。她把床當作斷頭臺，把枕頭當作刀砧，先緩緩登上斷頭臺，再把頭輕輕放在刀砧上。然後面帶微笑，微微閉眼，靜靜聆聽砍刀下落的索索聲。當然，最後那「砰」的一聲，她或許聽不見了……

每次練習到這裏時，安娜王后的心裏都感到無限高興。當那天終於到來時，三十四歲的安娜王后搶在日出之前就動手打扮起來，她特意挑選了一件便於露出脖子的低領禮服，沒戴任何項鏈，頭髮也高高盤紮起來，爲的是讓刀斧更利索地通過頸脖。禮服裏面襯上一條猩紅色長袍，以讓行刑時所濺的血跡不致太顯眼。當刀斧最終落在她那天鵝般的脖子上時，不知她是否聽見了最後的「砰」聲。

當安娜華服盛裝走上斷頭臺上的時候，還有兩件事相繼而來，一是凱薩琳的悲慘死去，一是珍·西摩順理成章地成爲亨利的第三任妻子。

珍·西摩是亨利理想的妻子，雖然容貌不算十分出色，但丰姿清秀，不雕自飾；有貴族的傲氣，但文雅得體、端莊適度。婚後對丈夫體貼入微，從不干政，以爲國王生一男兒爲己任。她還出面調解亨利與瑪莉公主的關係，終於使他們父女和解。

然而，他們的婚姻只維持了三個月，一五三七年十月，西摩臨盆難產，手術後生下一男嬰，即後來的愛德華六世，亨利異常興奮。但西摩卻因感染病菌，十天後不治而亡。亨利非常悲痛，親自爲她主持了隆重的葬禮，十年後亨利死時，遺詔與珍・西摩合葬於聖喬治教堂。

幫助亨利改革宗教，從而使他得以擺脫與凱薩琳婚姻的克倫威爾，爲他找到了第四個妻子。但這純粹是一樁政治交易，爲了對付法國和神聖羅馬帝國，他與德國的克利夫斯公爵的妹妹克萊維的安娜結婚。

克萊維的安娜毫無姿色，再加上年已三十，神色呆板，舉止低俗，怎能討這位風流倜儻的亨利喜歡，更爲致命的是，她除了德語外，什麼語言都不懂，而亨利恰恰不懂德語，兩人根本無法在一起生活！亨利對婚後的生活大失所望，兩人一直分居，勉強維持了一年半的時間，他們的婚姻便宣布結束。克倫威爾也因此被送上了斷頭臺。

一五四〇年，四十九歲的亨利八世與凱薩琳・霍華德結合。霍華德年僅廿二歲，一頭棕色的秀髮，姿色勝過亨利以前的任何一個妻子。年輕活潑的新婦使亨利著實興奮不已，然而霍華德卻對年老體胖的丈夫心懷不滿。她自幼輕浮任性，婚前就曾同男人私通。婚後，她又與老情人重續舊緣，亨利得知這一切後，發誓要用自己的劍砍下她的頭來。

一五四二年二月十三日，霍德華以與安娜同樣的罪名，在同樣的地方被處死。這是亨利短暫的第五次婚姻。

經歷了如此之多的婚變之後，亨利變得暴戾無常。人們也都認爲他不會再結婚了。沒想到一五四三年七月，他又開始了他的第六次婚姻。新娘子叫凱薩琳•帕爾，三十二歲，是個兩度喪夫的寡婦，她身材矮小瘦弱，雖不漂亮，但知書達理，有著善良的心腸和鮮明的個性。她認爲照料國王和三個子女是一種極大的樂趣和安慰。

帕爾將亨利的女兒瑪利、伊莉莎白和愛德華小王子都接進宮內，極力協調他們之間的關係，照料他們的生活，關心他們的教育。從此宮廷出現了寧靜、和諧的氣氛，這使晚年的亨利八世感到莫大的欣慰。但此時的亨利因長期縱欲，身體已是日薄西山，終於一五四七年因腿部壞疽而生命垂危，死前爲不使妻子帕爾及子女們悲痛，他故意把他們遣走，未與他們訣別。

亨利死後，帕爾又結了她的第四次婚。

這就是一個帝王的六次婚姻。在六個女人中間，也許珍•西摩是他一生中唯一真心所愛的妻子。帕爾作爲亨利八世的最後一位王后運氣尙佳，也許是因爲她後來居上、息事寧人、安守本分，總算使亨利八世在晚年過上了一段平靜的生活。

「豹房」沒有豹

明武宗淫亂之謎

明武宗（一四九一～一五二一）朱厚照，明代皇帝。其於一五〇五年即位後，寵任宦官劉瑾，淫樂嬉遊，擴建皇莊，橫徵暴斂，人民痛不欲生。河北、山東、江西、四川等地農民起義不斷爆發，使王朝處於風雨飄搖之中。

明武宗朱厚照十四歲即位，突然做了皇帝，整天接觸的都是枯燥無味、繁如亂麻的國家大事，使他無比厭煩。品性惡劣、狡詐多端的太監劉瑾，投其所好，弄來鷹犬、歌伎、角抵之類供其玩樂，深得寵愛。朱厚照遂縱情聲色、不理朝政。後來，劉瑾結黨營私，排斥異己，權傾朝野，成了「站皇帝」，朱厚照則成了劉瑾操縱的「坐皇帝」，宮廷內外一片烏煙瘴氣。即位的第二年，朱厚照依從劉瑾的主意，下令在西華門外築起了宮殿式的高大建築，命名爲「豹房」。從此，朱厚照整天沉湎其中，不能自拔。

「豹房」內設密室多處，專供朱厚照姦淫婦女之用。在玩膩了宮中美女之後，又令錦衣衛都督同知于永到京官的府第中物色一批能歌善舞的美女。朱厚照將她們留在豹房的密室中，待之如妃嬪。他還和這些舞女及樂工們，同喝同演，醉生夢死。

他的玩樂之心如脫韁之馬，時時尋找新的刺激。他令宦官們開設店鋪，自己換上平民服裝充作店主，以討價還價爲樂。他又讓宦官們開設酒店，弄來宮中美女歌舞，助其酒興。他還經常和他的義子江彬微服到教坊歡樂，夜不歸宮。爲了尋求更激烈的刺激，朱厚照還身披鎧甲，馳馬舞劍，指揮宦官組成的「中軍」，與江彬率領的邊兵玩對陣遊戲。吶喊聲震天，火炮聲不斷，三天兩日就演練一回，鬧得京城雞犬不寧。

後來，他又大肆整修和擴建豹房，花費白金竟逾廿四萬兩，增添人員和虎豹熊獅等兇猛野獸，並不斷令人爲其進獻美女。延綏總兵官馬昂本已犯罪罷官，爲了討好他，竟逼著已出嫁的親妹妹來豹房爲朱厚照侍寢，結果，不但官復原職，而且得到了豪宅和蟒衣的賞賜。

朱厚照把「豹房」稱作「新家」。可是，過了一段時間，他對這個「新家」又感到

膩煩了，在江彬的慫恿下，想搞大規模的出巡遠遊。他在位期間，北巡宣府兩次，密雲一次，西巡太原一次，每次都塗炭一方，爲害百姓。最後一次南巡，因眾臣以死相諫，才未能成行。這期間種種荒唐之舉，均爲人所不齒。

他第一次北巡宣府，是不顧大臣們的勸阻，在沒有儀衛扈從、伴駕大臣、護輦將軍陪同的情況下，乘夜秘密出京的。一路上像支游擊小分隊，躲避追勸的朝臣，偷過御史把守的關口，悄悄到達了塞上的宣府。這裏有江彬爲其修建的「鎭國府」，府裏畫棟雕梁、朱簷黃瓦，還有京城豹房中的珍寶和巡遊途中掠來的民女，朱厚照樂得心花怒放，稱這裏是「家裏」，是他的第二處豹房。

宣府地處交通要道，街市富麗繁華，城外天高雲淡，別具情調。朱厚照常晚上出去，闖入民宅，或索要酒食，或搶劫婦女，無惡不作。他手下的軍士竟強拆民房，以門窗做炊柴，攪得市肆蕭然，白晝閉戶。不幾天，聽說蒙古兵犯境，朱厚照竟自封爲「總督軍務威武大將軍總兵官朱壽」，向內閣索要白銀五十萬兩，並冒險與蒙軍交戰，傷亡六百餘人，自己也險些被俘。但他認爲敵軍已死十六人，並且退走，自己取得了重大勝利。於是在回京之時，令文武百官迎駕於德勝門外，彩幛數十，彩聯數個，冒著雨雪等了一天，直到傍晚，才見他坐騎紅馬，身披戰袍，在火把照耀下，由兵士簇擁著，洋洋得意而來。

西巡太原那次，他走的是京城——居庸關——宣府——大同——榆林——綏德——太

原這條路線，費時半年之多。他怕大臣再據理阻止他，遂以抵禦北寇爲藉口，擬了一道荒唐的「敕令」：「特命總督軍務威武大將軍總兵官朱壽，率六軍征討。」這裏的朱壽當然是朱厚照自己了。閣臣無法從命，他竟拔劍威脅，後來看詔令無人能擬，遂於次日天未亮之時，悄然出京。途中封自己爲「鎮國公」，歲支祿米五千擔。一路上，無論官家民家，已婚未婚，凡被其看中之婦女，一律佔有。

太原晉王府樂工楊騰的妻子劉氏，既有姿色又通音樂，朱厚照把她占爲己有，帶回宮中，稱爲「美人」，寵幸超過所有妃嬪宮女。西巡歸來，朱厚照滿載金玉玩器、鷹犬虎豹、美姬麗女，彷彿打了次大勝仗，俘獲了無數戰利品。

過了不到一個月，朱厚照又要到細雨輕煙籠罩的南方出巡，並下了詔令。當時遭到朝臣的群起反對，先後上疏勸阻。朱厚照先是不理睬，後來竟十分震怒，將幾十名大臣捕入獄中，又對上百名大臣施以杖刑，有幾人當即死於杖下。金吾衛指揮僉事張英，以死相諫，竟袒胸持劍自刃，血流滿地，後遭杖擊而死。遭害者不惜生命的浩然正氣，使朱厚照不得不取消這次南巡行動，其中有十五人被杖刑送命。這個代價太高昂了！

此後，他仍在豹房中鬼混。那些圍在他身邊的奸臣，見他嗜酒如命，就將罌粟放入酒中，使他染上酒癮，終日酣酗，趁他顛倒迷亂之際作祟。過量的酒精加上毒品，使朱厚照的強壯身體垮了下來，後來他死於豹房，結束了荒嬉無度的一生，死時才三十一歲。

只能唬得了一時的梟雄

後趙皇帝石虎淫亂史

後趙武帝石虎（二九五年～三四九年），字季龍，五胡十六國時代中，後趙的第三位皇帝。廟號太祖，諡號武帝。石虎是後趙開國君主石勒的侄兒。三三三年，石勒駕崩，其皇位由兒子石弘繼承。翌年，石虎廢殺石弘，自立為王。三四九年正式即皇帝位。石虎在位期間，表現了其殘暴的一面，因此被評為五胡十六國中的暴君。

西晉滅亡後，東晉南渡，北方進入十六國時期。入主中原的五個部族：匈奴、羯、鮮卑、氐、羌，史稱五胡。北方地區連年混戰，許多歷史上的傳奇草莽英雄就在這一時期相繼出現。

後趙皇帝石虎，字季龍，羯族人，生於晉惠帝元康五年。石虎的父親早逝，從小隨母親生活，由後趙皇帝石勒的父親撫養，故有人稱石虎是石勒之弟。

石虎年六七歲時，有善於相面者說：「此兒貌奇有壯骨，貴不可言。」永興年中，石勒因饑寒曾被掠賣爲奴到了山東，石虎隨石勒母仍留在山西。此後石虎與石勒遂失去聯繫，直到永嘉五年，劉琨將石勒母及石虎送到石勒那裏，兄弟二人才得以重新見面。石勒依附匈奴劉淵，已作了將軍，此時石虎十七歲。

但不多久，石勒就對他大失所望。石虎性格殘忍，好馳獵，尤其好以彈弓射人，軍中頗以爲患。石勒想殺了他，母親王氏勸說：「快牛爲犢子時，多能破車，你暫時忍耐一下。」後來石虎漸漸長大，十八歲的時候，稍稍折節事人。他身長七尺五寸，英勇矯捷，弓馬嫻熟，勇冠當時，軍中莫不忌憚，石勒對他十分器重，拜爲征虜將軍。石勒爲他聘征北將軍郭榮的妹妹爲妻。但石虎對優僮（男寵）鄭櫻桃十分寵幸（唐朝李頎《鄭櫻桃歌》有「石季龍，僭天祿，擅雄豪，美人姓鄭名櫻桃。櫻桃美顏香且澤，娥娥侍寢專宮掖。後庭捲衣三萬人，翠眉清鏡不得親……」等句子，詩裏誤以為鄭櫻桃是一個女子）。

石虎好男色，鄭櫻桃爲人又輕佻淫妒，使出種種柔媚的手段將石虎籠絡住。他每夜在枕邊想方設法詆毀郭氏，並且時常當著石虎的面譏諷嘲笑，不留一點情面。郭氏漸漸不

堪忍受，一次她也反唇相譏，誰知石虎袒護鄭櫻桃，不讓郭氏插嘴。郭氏憋了許多天的悶氣，實在忍無可忍，加上石虎如此偏心小妾，於是和石虎起了爭執。石虎性似烈火，一頓拳打足踢，將郭氏當場打死。

後來石虎又娶清河崔氏女爲繼室，相處一年有餘，鄭櫻桃又加以詆毀。石虎大怒，取來弓箭，急召崔氏問話。崔氏光著腳來到石虎跟前，邊哭邊哀求：「大王不要殺妾，先聽妾一言！」

石虎獰笑說：「你若心無歹意，何必這樣慌張。你先坐下，我給你時間慢慢說。」於是崔氏轉身入座，卻聽見背後弓弦聲響，她急欲閃避，但已來不及，一支箭從後背穿入前胸，血光激射而出，立刻倒地畢命。

軍中有勇敢與自己不相上下的，往往被石虎害死，前後所殺甚眾。攻下城池後，則將全城百姓屠戮坑斬，幾乎不留一個。石勒雖屢加譴責，但石虎依舊率性而爲。他對手下雖嚴厲卻管得不寬，率兵征討所向無前，因此石勒對他一直十分信任。

石勒本是趙國的大將，後來隨軍力的強大，另立一個趙國相抗衡，史書爲區分，稱爲「後趙」。咸和五年，趙王劉曜被石勒所擒，前趙滅亡。石勒稱帝，封石虎爲太尉、尚書令，都督禁衛諸軍事，進封中山王，食邑萬戶。此時，石虎滿以爲自己功高他人一等，石勒稱帝後必能充任大單于，沒想到大單于之職爲石勒之子石弘所得，凡軍國大事，多歸太子石弘參決。石虎開始對石勒不滿，他私下對兒子石邃說：

「主上自都襄國以來，端拱指授，而以吾躬當矢石。二十餘年，南擒劉嶽，北走索頭，東平齊、魯，西定秦、雍，克殄十有三州。成大趙之業者，我也。大單于之望實在於我，而授黃吻婢兒，每一憶此，令人不復能寢食。待主上晏駕之後，不足復留種也。」

石弘，字大雅，素好與文士交遊，石勒常爲此擔憂，曾對徐光說：「大雅愔弱，可惜不像我。」

徐光說：「漢高祖以馬上取天下，孝文帝治以玄默，守文令主，原與創業不同，何必過憂。」

石勒才開始面有喜色。徐光又進一步勸：「太子仁孝溫恭，中山王（石虎）雄暴多詐，陛下一旦不諱，臣恐社稷必危，宜漸奪中山威權，使太子早參朝政。」右僕射程遐也勸石勒，石勒躊躇良久，因石虎累立大功，始終不忍奪石虎兵權。

果然在後趙延熙元年，石勒一死，石虎便命人收捕程遐與徐光下廷尉，讓他的兒子石邃率兵宿衛宮廷，文武官員都驚駭奔散。太子石弘大懼，讓位於石虎。石虎拒絕：「君薨而世子立，臣安敢亂之！」

石弘哭著堅持讓位，石虎大怒：「你能不能勝任，天下自當有公論，這是你能決定的麼！」遂於咸和七年逼立石弘爲帝。石弘拜石虎爲丞相、魏王、大單于，加九錫，以魏郡

等十三郡沐邑，總攝百揆。

石勒妻劉氏與子彭城王石堪密謀除石虎。當時石勒舊臣大多受貶在京外，京城舊屬又被石虎死死控制難以起事，石堪準備到兗州據廩丘，扶石勒子南陽王石恢爲盟主，宣太后詔令，號召各地牧守聯合起兵從京外討伐石虎。但計畫未成，劉氏、石堪被殺。鎮守洛陽的石朗和鎮守長安的石生聞訊，即聯兵起來討伐石虎。石虎統步騎七萬斬石朗於金墉城，並攻入長安，石生爲部下所殺。

石弘持璽綬親自去石虎那裏表明自己禪位的意思。石虎說：「天下人自當有議，何爲自論此也！」石弘回宮對其母親流淚說：「先帝子孫不久當滅絕了！」

咸康元年，石虎將石弘廢爲海陽王，同年石弘及其弟弟、母親程氏全部被殺死在幽居地。咸康三年，石虎改稱大趙天王，永和五年改稱趙皇帝，取代了石勒趙國。

建武二年，石虎在襄國造太武殿，在鄴城造東西宮。太武殿的地基高二丈八尺，以彩色的碎石頭做成，下面有密室，裏邊安置五百衛士。漆瓦、金鐺、銀楹、金柱、珠簾、玉壁，窮極枝巧。太武殿基高二丈八尺，東西七十五步，所用柱、簾、壁全用金銀玉珠。又在顯陽殿後造了靈風台九殿，選數萬美女充斥其間。

石虎造獵車千乘，車轅長三丈，高一丈八尺，同時造格獸車四十乘，車上加建二層樓，令犯人在車裏和猛獸格鬥。濫增女官二十四等，東宮設官十二等。民間二十歲以下，十三歲以上的三萬多女子被徵，分爲三等之弟配給官吏按第分派。石虎糟蹋民婦，日夜不休。

當時境內大旱，餓殍遍野。河南的百姓大都流亡到東晉。石虎怪罪河南刺史管理不善，將河南刺史和手下官員五十多人全部斬首。他大興徭役，又派人將洛陽宮中的鐘虡、九龍、翁仲、飛廉等物，搬入鄴城。其中一口鐘沉入河裏，以三百壯士泅水才撈起，岸上驅一百牛頭，才將鐘拖出水面。

石虎有兩個兒子，長子是天王太子石邃，小名叫阿鐵，次子叫石遵，受封郡公。石邃秉性陰鷙，膂力過人，類似石虎。石虎立石邃爲天王太子，命他參決尚書奏事，且常對左右說：「司馬氏父子兄弟自相殘殺，才使朕有今天的基業，試想阿鐵是我愛子，我肯忍心殺他麼？」左右齊聲阿諛：「陛下父慈子孝，怎麼說這種話？」

太子石邃恃寵生驕，性情極爲殘暴，比石虎有過之而無不及。他酗酒好色，縱欲無度，有時終日遊畋，深夜才回來，有時深夜出宮去大臣家，見有姿色的婦女，就強迫交歡。有時他將宮女先濃妝豔抹，然後割下頭，將頭放在盤上，傳示四座。石邃從庵裏掠來採納美貌的尼姑，大白天裏宣淫，狎弄之後，便視女尼作豬羊一般，洗剝宰割，與豬羊肉合起來煮熟了吃，有剩下的就賜給左右，讓他們也分一杯人肉羹。

河間公石宣與樂安公石韜，都是石邃的異母兄弟。石宣與石韜得到父親石虎的寵愛，

石邃因此將他們視如眼中釘。石虎卻對此一點不知，他每日左抱嬌妾，右執酒杯，昏醉竟日，不問朝事。

一次石邃有事呈報，石虎嫌他打擾了興致，便呵斥說：「這樣的小事，還要呈報麼？」後來又一次石邃有事未加報聞，被石虎察覺，又召石邃斥罵：「爲什麼隱匿不報？」石邃複述了石虎以前說的不需呈報的話，惹得石虎大怒，將石邃鞭笞數百下。

像這樣屢遭鞭責，石邃心裏十分不平，私下對中庶子李顏等人說道：「官家很難服侍，我欲行冒頓故事，卿等肯從我否？」李顏等面面相覷，不敢說一句話。

石邃托詞有病，暗中卻帶領宮僚，共計五百餘騎，去李顏家飲酒。酒至半酣，回頭對李說：「我去殺河間公。」李顏說：「今天先飲酒，且從緩圖。」石邃又狂飲數觥，因酒使氣，勃然離座上馬對眾人說：「快隨我殺河間公，不從者便當斬首！」眾人都嚇走了。李顏叩頭苦諫，石邃醉不能支，踉蹌而歸。石邃的母親鄭氏聽說這件事，悄悄地遣宦官責問石邃，石邃卻一怒之下殺了那個宦官。

石虎聽說石邃有病，打算親自去探視，剛命人駕車，忽然見一人叩馬諫阻說：「陛下不宜屢往東宮。」石虎見是僧人佛圖澄，就請他入座，停車不再去石邃那裏。原來佛圖澄的話很多奇驗，被石虎所敬信。不一會佛圖澄告辭而去，石虎又不禁懷疑，瞋目大聲說：「我是天下主，難道親如父子，反不信任麼？」隨即遣女官去看石邃。

石邃佯裝與女官說話，冷不防拔出佩劍，毆擊女官。幸虧女官身材伶俐，只被他砍了一下，便抽身逃出。石虎大怒，收逮李顏等三十餘人，當面詰問。李顏便說了石邃的言行。石虎責備他輔導無方，將李顏推出斬首。

石虎將石邃幽錮在東宮。才過了半天就放出來。石邃照常朝謁，卻不叩謝，拜畢便退。石虎令左右傳諭：「太子當入朝中宮，怎麼可以這樣就走？」石邃好似沒有聽見，昂頭徑出。於是石虎怒不可遏，立刻廢石邃爲庶人，把他拘禁起來。到了夜裏，索性遣人殺了石邃，以及石邃妻張氏等男女二十六人，一律誅死，同埋在一口棺材裏。並殺東宮僚屬二百餘人。廢鄭氏爲東海太妃。另立河間公石宣爲天王太子。

青州守吏報稱濟南平陵城北，有一個石頭雕製的老虎，忽然會動，走到城東南，後有狼群千餘頭相隨，腳印都深陷入石頭中。石虎大悅：「石虎便是朕的名字。自西北徙至東南，大概天意佑朕得天下啊。」於是群臣皆來阿諛。石虎令民家每五戶出車一乘，牛二頭，米十五斛，絹十匹，違令者斬，繳不足的亦斬。百姓賣男鬻女湊不足數，多自縊道旁。從洛陽到長安的道路兩旁，大樹上掛滿了屍體。

石虎爲聚斂金帛，發掘前代帝王的陵墓。又發近郡男女十六萬人，車十萬乘，運土至鄴城北隅築華林苑。華林苑的圍牆就有數十里。天寒地凍，役夫凍死路上的有近萬人。據傳東海有大石流血。鄴城西山石也流血十餘步。太武殿壁上繪的古人像頭都縮入肩中，僅

剩下冠巾露出。石虎請佛圖澄入視。佛圖澄只是搖頭不說一句話。

石虎派太子石宣與石宣弟石韜輪流審閱尚書奏事、審決生殺之事和任免官吏事項，不必啓奏。司徒申鐘勸諫石虎，認爲任免官吏、決定刑罰是國家的重大決策，不該委託他人，太子雖爲國家皇儲，也不應干涉政治，而且二政分權，禍必從中來。石虎不予置理，仍用石宣、石韜輪流視政。石宣出入建天子旌旗，前呼後擁，戎卒隨從多至十八萬。他日夜荒淫，所經之地，必須窮極珍奇地供應，州縣多爲之一空。石韜的行徑與其兄類似。

石宣性情暴戾，即使在石虎面前，也有倨傲之色，石虎後悔不立石韜。石宣恨石韜及父親石虎，暗中起了殺心。石宣忌諱石韜處處與自己爭先，石韜自建宣光殿，規模宏大，僅梁長就達九丈，石宣見此後異常憤怒，斥責他逾制，遂令人殺死工匠，截去大梁。後石韜又將梁加長到十丈，石宣得知，氣憤異常，他以石韜的國邑作酬報，派人在佛寺中殺了石韜，石虎十分悲痛，還不知釁起蕭牆。

石宣引東宮兵千人，去看石韜收殮，他揭開蓋在石韜身上的被衾看屍體，看完後呵呵大笑，掉頭而去。石虎才知愛子被石宣所殺，亟命左右將石宣軟禁起來。石虎進一步得知石宣待機謀殺石虎奪權的事謀，更怒不可遏，命人用鐵環穿通石宣的頷骨，鎖在柱上，以木槽盛飯，迫使石宣食，彷佛餵豬一般。又取來殺石韜的刀箭，讓石宣伸舌吮舐上面的血痕。接著，石虎將石宣割舌、剜目、刳腸、斷手足，最後活活燒死。石宣妻室子弟二十九

人一併被殺死。東宮僚屬三百人、宦者五十人全部被車裂支解，將東宮作爲養豬的場所，東宮衛士全部謫配梁州。

石宣的小兒子年幼可愛，石虎不忍殺，抱在膝上說：「小兒無罪。」秦府的屬吏定要斬草除根，向石虎膝上牽奪。小孩兒拉住石虎的衣服，狂叫痛哭，石虎咬牙將他猛擲出去，摔死了事。

石虎又立小兒石世爲太子，他對群臣說：「朕欲以純灰三斛洗腹，此腹穢惡，何故履生凶子，年二十餘便欲殺父。今石世方十歲，當他二十歲時，朕已老了。」環顧子孫死亡迨盡，石虎悲悔交並，以致飲食無味，漸漸形銷骨立。晉永和六年因愁恐而死，終年五十四歲，在位十五年。這時離後趙滅亡也不遠了。

豪華的羅馬「欲」場

古羅馬王室的娛樂秘事

如果你想去瞻仰古羅馬的歷史遺跡，那麼僅僅借助地圖，你就可以毫不費勁地找到市中心的布拉廣場，廣場的中央就是古羅馬競技場，古羅馬競技場是羅馬的象徵。

提起古羅馬競技場，人們總是很容易聯想到角鬥士以命相搏的血濺飛刃和人獸相鬥的慘烈無情，它因此也有了「鬥獸場」等別稱。那些古拙的石壁至今彷彿仍倒影著角鬥士頑強的抗爭，那結實的臂膀、眼神中近乎絕望的堅韌，無不散發著男性的陽剛和淒美，那些往日英雄的嘆息似乎直擊長空，傳送至今，久久不能散去。

有一個關於競技場的小笑話似乎顯示了這一歷史古蹟在今天的特殊地位：一位考古學家向一位美國百萬富翁講述古羅馬競技場遺址。這位百萬富翁問考古學家：「要花多少錢才能在美國建一座和這相同的遺址?」考古學家笑道:「要花兩千年這麼大一筆錢!」由此可見,這座著名建築的悠久歷史和難以取代的價值。

其實,古羅馬王室在他們幅員遼闊的帝國全境修建了許多圓形露天競技場,並且一再擴建。羅馬市中心的那一座是歷史上最有名的一個,熱衷於競技場擴建的皇帝特里安曾說:「這兒可以容納整個羅馬!」在這些圓形競技場中,運動競賽、戲劇表演和其他類型的娛樂活動常常舉行,滿足從王室到平民各種娛樂需求。

西元前某個夏天的夜晚,古羅馬競技場內傳出了雄壯的樂曲聲和高亢的歌聲,大型戲劇表演在此舉行,王室重量級人物全部到場,士兵們三呼萬歲,戲劇開演了。這樣的情景是古羅馬時代的常事,當時的戲劇表演風行一時,它的演出主要依據以前希臘人的版本,並且歡迎希臘戲劇在整個羅馬世界巡演。在那裏,喜劇比悲劇更受歡迎,而且羅馬王室成員更喜歡欣賞一種叫做「滑稽戲」的短劇,劇中夾雜了許多雜技、歌曲和樂器演奏,並且利用音樂和舞蹈來講述故事,逐漸這種戲劇樣式被叫做了「默劇」,很快流傳到從上到下的各個階層之中。

在宗教性節日和公眾節假日期間,戲劇演出總是責無旁貸。有些演出由某個王室成員包場,其餘人可免費進入觀看。爲了同其他諸如馬車和鬥劍比賽之類的大眾娛樂活動相競爭,戲劇效果變得越來越壯觀,而劇作本身卻越來越不重要了,戲劇變成了王室貴族們競

相誇富的場所，娛樂的意味越來越少，戲劇走向了它的死亡之路。

在古羅馬的帝國時代，劇場舞蹈深受皇帝們的歡迎，歷史著作中曾這樣描述那些瘋狂地愛著舞蹈的皇帝們：著名的尼祿皇帝，有著很強烈的「明星欲」，他經常加入青年奴隸的「戰士舞」當中，與他們共舞，舞蹈結束後，往往熱情地頒發給他們「羅馬公民證書」；崇拜東方神靈的卡里古拉皇帝，將舞蹈表演融入祭神儀式之中，每次祭祀太陽神，總少不了迷狂的舞蹈活動；有的皇帝還親自創作音樂和舞劇……

除了戲劇和舞蹈表演之外，馬車比賽是古羅馬最流行的觀賞運動，深受王室喜愛。在羅馬大競技場中舉行的馬車比賽往往吸引幾十萬的觀眾進行觀賞。比賽需要有不同數量和級別的馬匹參加，常常分爲不同的小組，按不同的顏色參賽，還有有組織的人在周圍吶喊助威。據說一天之內竟能舉行多達二十多場比賽。馭馬者多爲奴隸，他們一般身穿色彩鮮豔的戰袍，頭戴堅硬無比的頭盔，威風凜凜參加比賽，比賽不僅考驗參加馬匹的速度，而且對駕馭者的體能、經驗、意志也是一場較量。爲了王室成員追逐享樂刺激的需要，比賽選手被允許互相衝撞、打擊，因此，比賽往往蒙上了一層血腥的色彩。

古羅馬競技場中間近三萬平方英尺的橢圓形場地就是原來古羅馬帝國競技、歌舞、閱兵、角鬥等表演的舞臺，其下面是縱橫交錯的甬道和斗室，這些斗室是關角鬥士和野獸的房間及演員的化妝間。古羅馬王室們最喜愛的娛樂活動就是看格鬥。

格鬥在血腥味極濃的鬥獸場裏進行，有兩種方式：一種是讓奴隸與奴隸格鬥，參加格鬥的奴隸被稱爲角鬥士，角鬥士在格鬥時手拿刀劍和盾牌。這種格鬥十分殘忍，實際上是讓奴隸們自相殘殺，所以，不僅流血場面不斷，而且總要有人倒在地上死去方算結束；另一種方式是讓奴隸與猛獸格鬥。奴隸主專門養了獅子、老虎等兇猛的野獸，他們坐在看臺上「欣賞」。奴隸與野獸搏鬥廝殺。實際上，也就是把奴隸當作野獸。

獲得好萊塢最佳影片的傳奇大片《角鬥士》，就以極爲壯觀逼真的場景展現了歷史上那一幕幕慘烈殘酷、動人心魄的格鬥場面。

有時候，橢圓形的舞臺要用水澆灌出洪水四溢的宏闊景象，藉以演示出類比的海上戰鬥，這是皇帝們熱衷的另一項大型遊戲。這種場面往往是以曾經進行過的真實戰鬥爲藍本，並且強迫上萬的戰俘參加，作真實的廝殺表演，死亡人數往往十分驚人，殘酷的皇帝們藉此從中取樂，獲得一種變相的戰爭廝殺快感。

另外，拳擊比賽也深受皇帝們歡迎，這種比賽要在戶外舉行，雙方選手比賽中間不得停息，必須等待其中一名拳擊手不能再繼續進行比賽爲止。比賽時，選手手套裏面要墊上銅和鐵之類的堅硬金屬，雙方戴著這樣的拳擊手套，比賽的血腥場面可想而知，許多選手被打擊而死，皇帝們往往以此爲樂。

在古羅馬帝國的輝煌時代，疆域極其廣大，帝國稱雄一時，許多皇帝熱衷於炫耀帝國

盛世的來臨，於是海內昇平，似乎一派祥和之氣。但在各種各樣的娛樂活動之中，血腥暴力層出不窮，王室成員也從中發洩著他們變態的性情，娛樂於是也變得不那麼單純了。

王的男人

哈德良與男寵安提諾烏斯情事

哈德良（Hadrianus Augustus，七十六年～一三八年），羅馬帝國五賢帝之一，他最為人所知的事蹟是興建了哈德良長城，劃定了羅馬帝國在不列顛尼亞的北部國境線。他還在羅馬城內重建了萬神廟。倡導人文主義，身為羅馬皇帝，卻提倡希臘文化。

在羅馬帝國的眾多皇帝之中，哈德良算是最有文化修養的一位了。在他統治期間，羅馬帝國的對外擴張基本上停止了，他本人也許意識到這個帝國不能走得太遠，過多地離開

先輩們曾經付出心血、用心經營過的那塊土地，所以帝國的政策轉而向內調整休養。

也許這與哈德良的性格有關，他是個做事謹慎小心、不喜歡張揚的人，常常把大量的精力花費在自己的各種藝術愛好上，似乎不太適合做一個大國的統治者。他是一個喜歡在帝國到處遊玩的人，在他長達二十年的統治任期內，大部分時間不在首都，而是把時間打發在羅馬各行省的巡遊上，不過，他的巡遊目的很簡單很單純，並非是炫耀自己的武功和驕傲，而是真正的對各處景致的玩賞和遊覽，像一個旅行家。

提及上面這一點很重要，它幫助我們理解：爲什麼一個大帝國的最高統治者竟然喜歡男性？而且，是真正的愛慕和喜歡！

一首詩中這樣寫到：

在你身上我看見了上帝
我懷著敬畏之心相信
並願為之獻身的上帝

這是哈德良第一次見到安提諾烏斯時，心中忍不住燃燒起的熱烈激情！

他，一個羅馬帝國的皇帝，情不自禁喜歡和愛慕上了一個普通的翩翩美少年，一個是年近半百，一個是世事未通，然而，這份感情竟然是真摯的和令人嘆爲觀止的！

在一份寫在草紙上的古代羅馬詩篇中，描寫了哈德良和安提諾烏斯之間的一個小故事：一個天氣陰沉的早間，羅馬皇帝哈德良率領英勇的部下以及他心愛的男寵安提諾烏斯馳騁在羅馬市郊一個大型的狩獵場上。他們正在圍捕一頭兇猛的母獅，時間已過了很久，皇帝和大臣們大汗淋漓，但毫無收穫，皇帝有些喪氣，幾乎想終止這場無趣的「戰爭」。此時，皇帝的男寵安提諾烏斯爲了讓皇帝能夠帶著些許的興奮回轉皇宮，便自告奮勇、奮不顧身衝向那頭兇猛的母獅，但在那頭雄壯的獅子面前，他太瘦小無力了，很快被獅子撲到了身上。皇帝看在眼裏，極爲著急，不顧自己的珍貴之軀，奮然從獅子的利爪之下救出心愛的安提諾烏斯，士兵們被他倆的舉動感動，士氣大振，一舉蜂擁而上，捕獵了母獅。

從這個故事中我們可以看出，哈德良和安提諾烏斯之間的關係並不是我們通常所認爲的那種縱欲的統治者和無助的玩物之間的關係。

歷史上許多皇帝並不適合管理國家，而更擅長各種技藝和藝術。就像中國明代的宣德皇帝喜歡各種木工技藝、更適合作一名木工一樣，羅馬皇帝哈德良更適合作一名藝術家。他很重視詩歌和繪畫藝術，是個享有盛譽的歌唱家和豎琴演奏家，有很高的藝術修養，在感官享受上永不疲倦，是個很有藝術家氣質的羅馬皇帝。

在一本描寫歷代羅馬皇帝的書中這樣描述哈德良的形象：和平時期，哈德良通常到各處莊園去休養，把羅馬交給大臣去管理，他在莊園裏建造了好幾處行宮，沉溺於宴會、雕塑與繪畫，像天下富人一樣，揮金如土。這樣一個在美好事物和感官享受上有著充分的鑒

賞力的人，當他看到安提諾烏斯時，是不會不動心和滿心喜歡的，從流傳到今天的安提諾烏斯雕像上，我們可以看到這位少年令人驚嘆的淳樸和美貌，他那豐滿柔滑的嘴唇、彎彎捲起的長髮、孩子氣的臉蛋、熱切的眼神，無論誰見到都會感到驚嘆的。那樣的表情也許表達了一種永恆的無法挽回的憂傷：青春易逝、生命不再……

事實上，哈德良和安提諾烏斯之間的真摯情感確實也是短暫的。安提諾烏斯英年早逝，他的死是個謎，有說是淹死於埃及尼羅河中，也有說他長得太通靈性而被作爲祭祀神靈的供品送上了供桌。後者也許是令人不解和驚訝的，但更有可能。因爲哈德良太喜愛安提諾烏斯這個具有著完美面龐的少年了，純粹精神性的愛有時是接近於宗教信仰的，哈德良極有可能將安提諾烏斯作爲可通上天靈性的「神童」，不忍褻瀆，而將他供奉於祭天的案桌上，遞呈於上帝的面前。這在哈德良看來，並非是殘忍的殺戮，而是一種接近於宗教崇拜的熱烈舉動。

不過，安提諾烏斯的離去畢竟是很令哈德良難受的，這是肉體的直接的痛感。哈德良給予安提諾烏斯的死以很高的榮譽，據說在他溺死的地點修建了一座城市，並以「安提諾烏斯」命名這座城市，在整個羅馬帝國的幾個重要城市建立他的塑像和半身像，甚至希望能在天上看到那顆獨特的安提諾烏斯星。而且，在一年一度的宗教祭祀儀式上，都要上演戲劇，演繹安提諾烏斯的殉道故事，劇中有象徵安提諾烏斯死而復活的禮儀舞蹈和活動雕

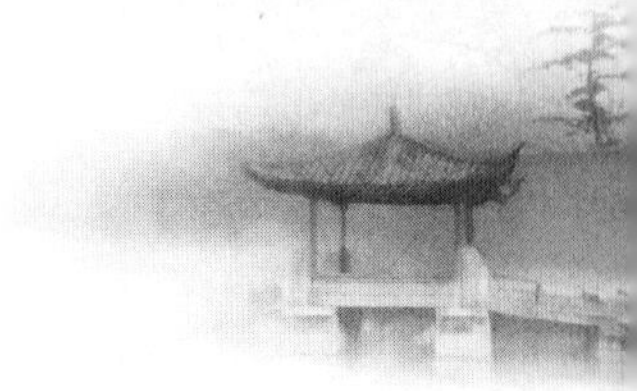

像。這一切，都寄託了這位深情的羅馬皇帝真摯深切的感情。一位酷愛藝術的皇帝對一位美少年的愛昇華成爲一種宗教，真正是令人讚嘆的癡情啊！

皇帝在結束生命時，嘴裏不停地吟誦著這樣的詩句：

你的名字海闊天空無處不在
我們的靈魂得以淨化
我在無窮無盡的黑暗中……
升起了你這顆明亮的星星

割袍斷袖的奇聞

漢哀帝畸戀之謎

漢哀帝（前廿七～前一）劉欣，元帝庶孫。三歲立為王，綏和元年（前八）立為皇太子，二年（前七）四月即帝位。其在位期間重用外戚，親幸嬖臣董賢，並委以政事，甚至欲禪位於董賢。後身患痿痺之疾，元壽二年（前一）六月卒。諡孝哀皇帝。葬義陵。

漢哀帝時，雲陽人董賢是太子舍人，當時年紀還不過十五六歲，常以美麗自喜。宮中的侍臣，都說他年少無知，不讓他辦什麼要緊的事，所以哀帝只聽過而沒見過他。

哀帝即位後，董賢因爲太子舍人之故而官進侍郎。一天輪到董賢傳報時辰，哀帝從殿中看見，還以爲是個美貌的宮女打扮成男子模樣，於是將他召入殿中，待問明了姓氏，立即想起來：「你就是舍人董賢？」哀帝口中如此問，心中卻正想入非非。男子中有此姿色，真是絕無僅有，就是六宮粉黛也相形見絀。哀帝讓董賢坐到上面，與之促膝而談，並當下授董賢黃門郎的官職，讓他隨侍左右。

董賢生就一種女性的柔媚，嬌聲下氣，搔首弄姿，引得哀帝欲火中燒，居然讓他侍寢，有了肌膚之親。董賢一月三遷，升任駙馬都尉侍中，出則與哀帝同驂乘，入則共床榻。董賢穿著像霧一樣輕逸的綃革衣，如蟬翼飄飄若飛。哀帝與董賢常常一同沐浴，董賢在池水之中供奉仙藥丹術，以陽補陽。

一天哀帝早晨醒來，見董賢還睡著，哀帝欲將衣袖掣回，卻又不忍驚動董賢。可是衣袖被董賢的身體壓住，不能取出，待要仍然睡下，自己又有事不能等他醒來，一時性急，哀帝竟從床頭拔出佩刀，將衣袖割斷，然後悄悄出去。所以後人稱嬖寵男色，稱做「斷袖之癖」。當時宮女都加以效仿而割斷一隻衣袖。

侍董賢醒來，見身下壓著哀帝的斷袖，也感到哀帝的深情，從此越發柔媚，須臾不離帝側。他不肯回家看自己的妻子，托言哀帝多病，須在旁煎藥伺候。哀帝本不能一日離開董賢，見他不歸，正中其意，但又想起董賢家中也有妻子，爲服侍他不能回家團聚。哀帝

便讓他回去與妻歡聚，說了三四次，董賢終不願回去。哀帝很過意不去，特破例讓董賢妻名隸宮籍，入宿直廬。家眷移入宮中居住，這樣可以與董賢時刻見面。

董賢有一個妹妹，還未嫁人，哀帝讓董賢送妹進宮。董氏面貌與董賢相似，杏眼盈盈，秀骨姍姍，哀帝便即留她侍寢，一夜魚水，無限柔情。第二天封董氏爲昭儀，位僅次於皇后。皇后的宮殿稱「椒房」，董昭儀所居處特賜號「椒風」，表示與皇后名號相等。董賢的妻子美豔非常，她出入宮禁，被哀帝看見。哀帝不禁心動，令她與董賢同侍左右。從此與妻妹二人輪流值宿，俗語稱作「和窠爵」。

僅僅一月之間，董賢所得賞賜已不計其數。董賢的父親遷爲少府，賜爵關內侯。董賢妻子的父親爲將作大臣，董賢妻弟爲執金吾。哀帝替董賢築造華麗的屋宇，規模與皇宮相同。房屋重疊，內有五座大殿，皆雕梁畫棟，雲氣花草山靈水怪彩繪其間，木土之功窮極技巧，殿室梁柱都是華美的錦緞搗爛成漿，圍塗成彩。第中樓閣台榭，連亙如雲。引御溝水流入董府後園中。兵器庫房中的名重兵器，皇宮密室中的珍玩寶貝，都流到董賢家裏去了。甚至連皇宮御園中的秘寶珍器，珠衫玉柙，哀帝統統都送給董賢。哀帝還在自己的陵墓旁，專門爲董賢另造一墓塚，使董賢可以死後陪伴黃泉。

哀帝打算加封董賢，先上傅太后尊號，買動祖母的歡心。再令孔鄉侯傅晏，帶著封董賢的詔書給丞相御史。丞相王嘉與御史大夫賈延極力阻止，哀帝不得已將此事暫時擱起，

又過了數月。後來實在忍無可忍，於是促不及防地下詔封董賢爲高安侯。丞相王嘉因此事被哀帝嫌惡，不久藉故處死。

哀帝還覺得對董賢不夠好，正巧大司馬丁明同情王嘉，被哀帝知道，借此將丁明免官，讓董賢代任。董賢故意推辭，哀帝於是先讓光祿大夫薛賞爲大司馬，薛賞任職才幾天，忽然不明不白地死去。接著董賢作了大司馬，總領尚書之職，百官都要向他奏事。當時董賢只有二十二歲，已是位超三公，掌握天下的兵權。一人成仙，雞犬升天。董賢的父親董恭遷爲光祿大夫；董賢弟爲駙馬都尉，其餘董氏親屬聯翩封賞。

一天董賢的母親生病，哀帝遣使者四處設祭祈禱，使者祭祀後在道中排列的祭品，凡行道過往之人都可隨意吃。每次董賢家有婚姻等事，哀帝便命百官各備禮物前往祝賀。

以前孔光爲御史大夫的時候，董賢父董恭是伺候孔光的小吏，這時哀帝故意讓董賢去拜訪孔光。孔光聽說董賢要來，提前整肅衣冠，出門恭候。董賢車一到門前，孔光立即引身倒退。待董賢到了中門，才避入門側，董賢下車後，孔光低頭便拜。請董賢上座，自在下座陪著，好似卑職迎見長官，其阿諛的姿態連董賢也不齒。

哀帝不知怎麼寵董賢好了，一天在麒麟殿群臣飲酒，哀帝竟然說：「朕欲效仿堯禪舜，把帝位傳給你。」一時間大殿內鴉雀無聲，誰也不敢相信自己的耳朵。

董賢極爲高興，但事出突然，一時不知如何答說，正自暗暗沈吟，忽然有一人進言：

「天下是高皇帝的天下，非陛下所私有。陛下上承宗廟，應該傳授子孫，世世相繼，天子豈可口出戲言！」

哀帝一看是是中常侍王閎，當下十分惱怒，竟將王閎趕了出來。王太后聽說此事，代王閎向哀帝道歉，哀帝才慢慢平息了怒氣。轉思自己也未免失言，因此再不置可否，將禪位的話模糊過去。

董賢家宅院外的大門本來十分堅固，卻忽然無緣無故地塌了，董賢隱約感到此預兆似乎不吉利。果然哀帝因縱欲過度，不久一病不起，元壽二年六月去世。只有二十六歲，在位僅六年。

董賢與董昭儀入哭寢宮，王太后召董賢問喪事該如何調度。董賢從未辦過大事，一時對答不出。王太后便遣使召入王莽。王莽入都見太后，首先說董賢無功無德，不應尸位素餐，接著禁止董賢出入宮殿。董賢驚惶失措，站在大門前，脫官帽，赤雙腳，向內謝罪。不久，王莽假太后命令，收董賢印綬，罷官歸第待罪。董賢自思王莽肯定不會輕易放過他，還不如自盡，董妻情願同死，兩人抱頭對哭一場，先後自殺。

家人還以爲有大禍臨門，不敢報喪，悄悄將董賢夫婦棺殮，趁夜埋葬。此事被王莽聽到，懷疑他詐死，命有司開棺驗屍。因爲董賢棺用沙金畫棺材，塗上了四時之色，左蒼龍，右白虎，上面還鑲上了金銀打製的日月之像，穿的是玉片做的衣服，四周是珍珠滿綴的棺壁，王莽便指責他僭越王制，把董賢的屍體拖出棺外，剝去衣服飾物，用草蓆裹起來，埋在了獄中。家屬俱受牽連，家產抄封，約值錢四十三萬緡。

漢朝幾乎每個皇帝都有男寵作爲性愛對象，如高祖的籍孺，惠帝的閎孺，文帝的鄧通、趙談、北宮伯子，景帝的周仁，昭帝的金賞，武帝的韓嫣、韓說、李延年，宣帝的張彭祖，元帝的弘慕、石顯，成帝的張放、淳于長，以及哀帝的董賢。

《史記・佞幸列傳》專記其事。古人用「分桃」、「斷袖」來形容同性之戀，「分桃」出自衛靈公與彌之瑕，而「斷袖」的典故則出自漢哀帝與董賢。古語云：「積石如玉，列松如翠。郎豔獨絕，世無其二。」說的是男色的芳姿。南宋時代的男妓還組織過行會，到了明代有蓮子胡同這樣供應男妓的地方，清代叫「相公」。

漢宮不僅男同性戀比比皆是，女同性戀也時有發生。婦女對同性戀更是諱莫如深，雖然實際上要比男子同性戀更爲普遍和受到寬容。武帝時，陳皇后寵衰，使女巫著男子衣冠巾幘，共寢如夫婦，武帝下獄究治，始知「巫女男淫」，遂廢皇后於長門宮。而武帝本人就是一個最有名的同性戀者，史稱：「延年與上臥起，偏愛幸埒韓起。」而且不少男子因同性戀而與妻子斷絕甚至殺妻，《宋書・五行志》上記載：「自咸寧太康以後，男寵大興，甚於女色，士大夫莫不尙之，天下咸相仿效，或有至夫婦離絕，怨曠妒忌者。」幸運的是哀帝成人之美，既寵董賢，又寵了董賢妻，使世上少了一個怨女。

淫樂亡國的代表

細數南朝齊明帝荒唐事

東昏侯（四八三～五〇一）蕭寶卷，齊明帝之子，建武元年（四九四）立為太子，四九八年即位。其在位時，寵信宦官奸臣，誅殺忠良，荒淫無度。中興元年（五〇一），雍州刺史蕭衍擁和帝攻入建康，將其殺死，貶為東昏侯。

西元四九八年七月的一天，苟延殘喘的南朝齊明帝躺在龍床上，怎麼也放不下心。他命人將太子蕭寶卷叫來，做臨終囑咐。他屏卻侍臣，再三叮囑蕭寶卷：「凡事不可爲人後，遇事一定要先發制人。」這話可以說是齊明帝做皇帝的法寶。從即位開始，他就大肆

誅殺齊高帝、齊武帝的子孫，來防止他們覬覦皇位。現在，他把法寶傳給了自己的兒子，他可以放心地走了。蕭寶卷果然不負眾望。即位以後，他相繼誅殺了始安王蕭遙光、尚書令徐孝嗣、右將軍蕭坦之等，逼得老臣陳顯達、崔慧景等起兵反抗，結果都兵敗被殺。血雨腥風瀰漫整個京城。

自以爲政權很鞏固了，蕭寶卷便開始過起了荒唐昏庸的生活。早在東宮做太子的時候，蕭寶卷就喜歡玩耍，不喜歡讀書。他經常每天晚上捕捉老鼠，有時一直捕捉到天亮，並且把這當作很快樂的事情。他生性訥訥少言，不喜歡與朝廷大臣接觸，對周圍的群小卻極爲信任。齊明帝死後，蕭寶卷討厭靈柩放在太極殿內，要求把齊明帝速速安葬。大臣們據禮抗爭，才得以過月。每當有弔唁的客人哭泣時，蕭寶卷就嚷嚷喉頭疼痛難忍。太中大夫羊闡入靈堂憑弔，號啕俯仰，把巾幘掉到了地上，露出禿腦袋。蕭寶卷見狀，哈哈大笑。他對宦官王寶孫說：「這不是禿鷹在啼哭嗎？」眾大臣被誅殺後，蕭寶卷更加肆無忌憚，日夜在後堂戲馬，以鼓噪爲樂。每到晚上，他就命人擊鼓吹笳，還令幾百人狂叫。整個宮中變成了嘈雜的鬧市。

蕭寶卷喜歡騎馬馳騁，風雪無阻。有時馳騁渴了，他就下馬解下水器狂飲，然後又揮馬馳去。他擔心馬具用錦繡裝飾的地方被雨水淋濕，就把雜彩珠子織連在一起，然後覆蓋在上面，極盡雕巧之能事。他讓宦官五十餘人做騎客，又挑選營署中擅長奔走的無賴小人

爲他牽馬駕犬，浩浩蕩蕩數百人，跟隨他奔走往來，沒有一絲閒暇。

當時射雉之風瀰漫朝野。蕭寶卷設置了二百九十六處射雉場所，其中的帷帳都是用綠紅錦做的，弩牙用金銀鏤雕，箭用玳瑁裝飾，可以說極盡靡費。

蕭寶卷還是個擔橦迷。漢代這種雜技大概是將長橦立在伎人的肩膀上或額頭上。南北朝時期，有將長橦立於牙齒上的，叫作齒橦，而且這時橦的長度普遍加長，大大提高了橦技的難度。蕭寶卷學橦技的時候，手腕常常受傷。經過勤學苦練，他使用的白虎橦長可達七丈五尺，用牙齒擔著，有時牙齒折斷了也不停止。橦技的各種用具，蕭寶卷都自己製作，上面用金花玉鏡等各種寶貝鑲綴。

陳顯達起兵反抗被平定後，蕭寶卷開始外出遊走。外出遊走時，他不願意讓人看見他，就命人把老百姓趕走，只留下空宅子。由於往無定所，地方官吏常常來不及驅斥百姓而因此獲罪。老百姓每次被驅斥時，衣裳顧不得披，有時甚至光著腳出走，有膽敢不走的都格殺勿論。前魏興太守王敬賓剛剛去世，家人被驅斥，無法留下照看，等到家人回來時，王敬賓的兩隻眼睛都被老鼠吃光了，慘不忍睹。

有位做長秋卿的官員病得很厲害，不聽家人的勸告，沒有留在家裏，結果死在了路邊。一次，蕭寶卷遊走到沈公城，有位婦女要臨產沒有離去。殘忍的蕭寶卷就把這位婦女的肚子剖開，僅僅是爲了看看是生男還是生女。由於蕭寶卷經常出行，從萬春門東至郊外數十里，經常是空家淨室，可以說他的恣意妄為使工商無不廢業，給人們的正常生活造成了極大的混亂。

可是即使這樣，蕭寶卷仍然覺得不過癮。他在宮苑中設立店肆，每天在其中遊蕩。店肆中充盈著各種各樣的貨物，宮女和宦官化裝成小商小販。他讓自己寵愛的潘妃做市令，自己做市吏錄事，把那些擾亂市場秩序的都交給潘妃處置。他還開渠建壩，在壩上設置店鋪，自己在店鋪中殺豬宰肉，潘妃賣酒。當時百姓做歌諷刺道：「閱武堂，種楊柳，至尊屠肉，潘妃酤酒。」蕭寶卷此時覺得做個尋常百姓也非常快樂。

南朝齊時，道教非常流行，蕭寶卷沉溺其中而不能自拔。他聽信趙鬼的建議，修建了勞芳、芳德、仙華、大興、含德、清曜、安壽等宮殿，又特別為他寵愛的潘妃修建了神仙、永壽、玉壽三殿，四周都裝飾著金色的壁帶。其中玉壽殿中飛仙帳四周都垂掛繡綺，窗間繪有神仙、七賢，他們周圍都有美女侍奉在旁。蕭寶卷又用金子做成蓮花，貼在地上，讓潘妃在上面行走，說：「這真是步步生蓮。」

他將閱武堂改建成芳樂苑，在苑中種樹，有時朝種夕死，死而復種，結果仍無一存活。但是他仍然不死心，到百姓家中尋找各種奇樹異草，有時不惜拆毀牆屋。更為可笑的是，他把山石都塗上了顏色，橫跨水池修建了紫閣諸樓，樓壁上繪有男女私褻的圖像。齊明帝搜刮來的金銀財寶，都被蕭寶卷糜費得差不多了。

蕭寶卷特別寵信蔣侯神，把他迎入宮中，晝夜爲自己祈禱。侍從朱光尙謊稱看見了神仙，蕭寶卷立刻任命他爲相國，又稱他爲靈帝，車服儀仗與王者相同。後蕭寶卷東遊，馬忽然受驚。他問朱光尙是怎麼回事，朱光尙說：「剛才我看見先帝非常生氣，似乎不贊成陛下出遊。」朱光尙本想借此阻止一下蕭寶卷的任性胡爲，沒想到蕭寶卷聽了以後勃然大怒，用菰草捆紮成明帝的樣子，然後將他斬首示眾。

當蕭衍率兵包圍建康，蕭寶卷製造了不少鬧劇。其中他在華光殿上構築軍事營壘，用金玉做鎧仗，親自臨陣，詐稱受傷，被抬下去，想靠這種方法厭勝解圍。更爲昏庸的是，大兵壓境，蕭寶卷卻仍然營建宮殿，晝夜不息，而且還準備誅殺那些指揮不力的大臣。在這種情況下，負責城內軍事的大臣王珍國、張稷懼怕身惹禍端，就與蕭衍裏應外合。蕭衍攻入建康，蕭寶卷被斬首，落個身首異處的下場。

蕭寶卷後被追封爲東昏侯。東昏侯這個稱號與他即位後的胡亂所爲真是名副其實。

任人宰割的帝王

被外戚與宦官架空的漢桓帝

漢桓帝劉志（一三二年～一六七年），東漢第十位皇帝，他是漢章帝曾孫，在位二十一年。漢桓帝統治後期，一批太學生看到朝政腐敗，便要求政府消滅宦官、改革政治。宦官氣急敗壞，在桓帝延熹十年（一六六年）與正直的京畿都隸李膺發生大規模衝突，桓帝大怒，下令逮捕替李膺請願的太學生兩百餘人，後來在太傅陳蕃、將軍竇武的反對下才釋放太學生，但是禁錮終身，不許再做官，史稱「黨錮之禍」。

漢順帝死後，年僅兩歲的太子即位，尊梁皇后爲皇太后。梁后臨朝稱制，其兄梁冀以外戚的身分專權。一年後，小皇帝忽患重疾而亡。順帝只有這一個兒子，不得不別求旁

支，以入承大統。梁冀與梁太后秘密定議，迎八歲的劉纘繼位，是爲質帝。

外戚梁冀挾權專恣，恃勢橫行。質帝年紀雖然很小，卻很聰明。一天在朝會時，當著滿廷的公卿，注視著梁冀說：「這正是跋扈將軍！」

梁冀聽了此言，大爲忿恨，暗想：質帝如此小年紀，已說出這種話，待他長大了，還不知怎麼才了得！不如殺了他，另立一人爲帝。於是暗中收買內侍，在餅中放毒。

質帝吃了數枚餅，不多時，腹痛難忍，於是對身邊的人說：「吃餅後腹悶，給我一點水……」梁冀在旁接口說：「恐怕飲水後會嘔吐，還是不要飲了！」這時質帝捧住胸腹，直聲大叫，片刻後氣絕而亡，手腳都變成青黑色。

質帝死後，桓帝繼位。梁太后仍然臨朝聽政，增封梁冀食邑一萬三千戶；梁冀弟梁不疑爲潁陽侯，梁蒙爲西平侯，梁冀的兒子梁清爲襄邑侯。梁冀嫉忠害良，權焰遮天。

弘農人宰宣爲討好梁冀，上書說大將軍梁冀功比周公，應加封妻孥，現在已經封了他的兒子，那麼他的妻子也應加封號。桓帝便下詔封梁冀妻孫壽爲襄城君。

孫壽是一個非常淫悍的女人，面貌卻豔冶嬌媚。她的眉彎細長，卻故意經常蹙眉，成曲折形，叫做愁眉；眼睛本來明亮瑩澈，卻經常輕拭眼眶，作淚光盈盈的樣子，叫做啼妝；不似愁而似愁，不必啼而似啼，大概也是不祥之兆。

她的烏髮本來像瀑布一樣又黑又軟，卻故意半脫不梳，形成一個懶髻，使它斜欹半

偏，叫做墮馬髻。她的腰肢本來輕柔妙曼，行動時卻故意擺動，好似弱不禁風，叫做折腰步。她的牙齒本潔白整齊，巧笑時卻微渦梨頰，作出牙痛的樣子，叫做齲齒笑。《後漢書·梁冀傳》記載：「壽色美而善爲妖態，作愁眉啼妝、墮馬髻、折腰步、齲齒笑，以爲媚惑。」

民間女子對宮中式樣的興趣極濃，甚至不加分辨，一意仿效，如楚王之好細腰。同書《五行志一》說：「始自冀家所爲，京師翕然皆仿效之。」孫壽的媚態引得梁冀格外憐愛，稍一忤意，孫壽便裝嬌撒癡，吵得全家不安。梁冀本來好色，但此時被孫壽控制，不能自由縱欲，心裏未免怏怏。

梁冀的父親死去，梁冀藉口爲父守孝，與妻孫壽分開居住，其實是同一個叫友通期的美人幽會，不分白天晚上地肆淫。

友通期是一個歌妓，由梁冀的父親梁商買來獻給順帝，順帝留在後宮。後來因友通期有過失，仍然發還梁家。梁商不敢留而將她出嫁，梁冀即遣門客盜還友通期。待梁商死後，梁冀便與友通期成就了一對露水鴛鴦。

孫壽一個人在家裏，不久便聽說此事。一天，等梁冀外出，她率了許多健壯的奴僕，突然闖入靈堂搜索友通期。見面後，孫壽揪住她的雲髻，先打了幾個耳光，然後交給家奴，把她牽著回到梁府。

友通期生得一頭秀髮，被孫壽用剪子截去，然後將她的花容玉面用刀子劃開，接著迫令她脫去外衣，用鞭子抽了數百下，打得友通期體無完膚，生不如死。梁冀回來後聽說了很吃驚，慌忙趨至岳丈家，向岳母叩頭似搗蒜，請她至孫壽前說情，饒了友通期。

孫壽的母親便去勸說孫壽，孫壽才將友通期放了，梁冀急忙去探視，見她全身創痕累累，禁不住心疼起來。當即邊流淚邊輕輕撫摩她，婉言道歉，並請名醫來調治，很長時間才得痊癒。

友通期仍然與梁冀續歡，親暱如故；不久私生一男嬰，取名叫伯玉，藏著不敢給人看。誰知此事又被孫壽探悉，於是她帶著家奴，手持刀械，闖入友通期的家裏，不論男女老幼，一概殺死。只有梁冀的私生子伯玉，平時藏匿在暗壁中，才得以漏網。

待梁冀看見那慘不忍睹的景象，心中雖銜恨孫壽，但畏妻如虎，不敢返家詰責，只好把私生子格外小心，重價雇了一個奶媽，育養在民間。梁冀自己也不願回家，在外邊居住。孫壽見梁冀因怨恨自己殺了友通期而不回家，便開始在家裏恣意地肆淫。

有個叫秦宮的太倉令，以前曾在梁冀家充過奴僕。長得面目俊俏，口齒伶俐，因爲梁冀對他十分有好感，便舉薦他爲縣令。秦宮卻並未赴任，仍在梁冀家裏隨意出入往來，甚至閨房密室也可以進出無阻。孫壽對他格外垂青，秦宮也對孫壽曲盡殷勤。孫壽有時屏去左右，只與秦宮私談，兩人耳鬢廝磨，日久生情。

孫壽雖半老徐娘，但風韻猶存，趁四目相對的時候，秦宮將孫壽輕輕摟住。孫壽故作嬌嗔，叱責他無禮，那嬌軀卻一點也不動彈，任憑秦宮抱入羅緯，解帶寬衣，一番雲雨歡會。以後孫壽每次見到秦宮，就把左右的人斥退，說是要商量事情，實際是兩人通姦。

從此，刺史二千石以下的入都城見大將軍，必須先賄賂秦宮，然後才可以見到梁冀。秦宮又爲梁冀夫婦互相調停，使他們重歸於好，又勸梁冀夫婦對街築宅，窮極精工，左邊是大將軍府，右邊是襄城君府，寢室裏都有機關暗道，四圍的窗壁全部雕金鏤銀，繪彩成圖。此外，還有崇台高閣，上觸雲霄，飛梁石磴，下跨水道，差不多與秦朝的阿房宮相似。

又在園囿裏採土築山，十里九阪，形狀像崤函，山上羅列各種草木，鬱鬱蒼蒼，裏面馴放了許多珍禽異獸。梁冀與孫壽共乘輦車遊玩於園內，前有歌僮，後有成群結隊的娼伎婢妾緊隨，鳴鐘吹管的聲音響徹雲霄。這樣的狂歡連日繼夜。

據《後漢書》本傳記載，梁冀與其妻孫壽在街對面各造館舍，「彈極土木，互相誇競」，「堂奧有陰陽奧室，連房洞戶，住壁雕鏤，加以銅漆，窗牖皆有綺疏青瑣，圖以雲龍仙靈。台周周通，更相臨望，飛梁石蹬，陵跨水道。金玉珠璣，異方珍怪，充積藏室。」

不久，在府第玩樂有些乏味，便在京畿廣拓林囿，又在河南城西增設了一個兔苑，綿

亙數千里，移檄各處收集兔子，且在兔毛上做了標記，不論誰不小心傷害了這些兔子，都要判死刑。

梁冀的二弟有一次曾私下在上黨打獵，梁冀聽到消息，恐怕他殺傷了兔子，立刻派家卒去捕殺了三十餘人。

梁冀在城西構造別墅，專門收納奸亡之徒，或搶奪良家子女爲奴婢以供淫樂，名曰「自賣人」。孫壽又向梁冀譖毀其他諸梁，黜免了外戚數人，暗中令孫氏的宗族補缺。孫氏宗親都是貪婪不法的人，各派遣手下調查富戶，誣以罪行，加以大刑拷掠，令他們出金錢自贖，這些富人若稍有不滿，便橫屍當場。

扶風地方的富豪孫奮，性格極爲慳吝，梁冀送了他一匹馬，向他借錢五千萬緡，孫奮只出了三千萬緡借給梁冀，梁冀大怒，移檄太守說孫奮的母親是梁府中的婢女，偷去白金十斛，紫金千斤，應該立即追繳。太守奉命拘孫奮兄弟，逼令他繳出贓物，孫奮因並無此事，不肯承認，活活地被他打死，家產全被籍沒，大約有一億七千餘萬緡。一大半獻與梁冀，梁冀才稍稍洩恨。

他派使者四處找異物，這些使者多恃勢作威，劫奪民間婦女，毆擊下層吏卒。

侍御史朱穆是梁冀故吏寫信勸諫梁冀，梁冀援筆批答：「如君所言，難道我沒有一處可取麼？」

太尉胡廣見梁氏勢盛，便阿諛奉承梁冀功德過人，不久，朝廷加梁冀入朝不趨，履劍上殿，謁讚不名，禮比漢朝的蕭何，賞賜金帛奴婢彩帛車服甲第無數。每次朝會時，與朝中最高官職的三公異席而坐以示尊貴。梁冀得此榮寵，還是貪心不足，時常怏怏不滿。

桓帝的皇后梁氏，專寵於後宮，靠了梁太后和梁冀的蔭庇，恣極奢華，她所有的帷帳服飾，都是光怪陸離，爲前代皇后所無。梁后沒有子嗣，每聽到宮人懷孕，往往設法陷害，鮮有保全。桓帝因心憚梁冀，不敢發作，不過再也不去梁后那裏，梁后鬱鬱成疾，死於延熹二年七月。

梁氏一門，前後七人封侯，三女爲皇后，六女爲貴人，父子俱爲大將軍，夫人食邑稱君的又有七人，兒子娶公主的有三人，其他如卿將尹校，共五十七人，真是一時無兩，備極尊榮。

梁冀專擅威柄，獨斷獨行，無論大小政治，都由他一人裁決，所有宮衛近侍，都是梁家的走狗，莫不希旨承顏。凡百官遷召，必先進梁冀門謝恩，然後才敢受命赴任。

下邳人吳樹任宛地的縣令，向梁冀辭行。梁冀賓戚多在宛縣，於是向吳樹囑託，吳樹說：「小人奸蠹比屋可誅，將軍位居上將，應該首崇賢善，今樹進謁明將軍，得蒙侍坐，承誨多時，未聞稱一名士，乃徒以私人相托，樹不敢聞！」梁冀默然不答，只是面有慍色。

吳樹告辭而去。到了宛邑，便調查梁氏好幾個貽害民間的賓戚，將他們收捕下獄，按法處治。後來吳樹遷補荊州刺史，又向梁冀謝恩，梁冀設宴款待，卻暗地裏在酒中置毒，吳樹出門不久毒發而亡。

遼東太守侯猛，不去謁見梁冀，梁冀便誣以罪行，腰斬於街市。郎中袁著，年剛十九，見梁冀兇橫的氣焰，心中不勝憤悶，於是上書桓帝揭發梁冀的罪行。梁冀遣吏捕袁著。袁著假裝病死，以蒲草結成人像，用棺材裝著埋了，誰知梁冀察破他的詐謀，派吏四處偵緝，不久袁著被拿獲，立即弄死了事。

太原人郝絜、胡武，一向與袁著交情莫逆，梁冀便屠殺武家六十餘人，郝絜自知不免，喝毒藥自殺。

已故漢安帝的嫡母耿貴人的兒子耿承，封林慮侯，梁冀向他索求耿貴人遺留下的珍寶，耿承不給，梁冀便殺死耿承家族十餘人。

每次朝會的時候，只有梁冀可以發言，桓帝沒有插嘴的資格，只好裝聾作啞，因此桓帝十分痛恨梁冀。

和熹皇后的侄子鄧香，生女名叫鄧猛，長得秀美動人。鄧香中年病死，妻子再嫁了梁紀。梁紀是梁冀妻孫壽的母舅，孫壽見鄧猛色美，將她引入掖庭，封爲貴人。梁冀欲將鄧猛收爲己女，使她改姓爲梁，又怕鄧猛的姐夫邴尊不同意，便派門客刺死邴尊，又欲將鄧猛的母親一併刺死滅口。

梁紀家與中常侍袁赦毗鄰，梁冀遣刺客夜登袁赦的屋頂，越入梁紀家，袁赦以爲小偷，立即圍捕刺客，待抓住後訊問了實情。袁赦便告訴了梁紀。桓帝知道後怒不可遏，起身如廁，小黃門唐衡相隨，桓帝回頭問唐衡：「宮中何人與梁氏不和？」

唐衡說有中常侍單超、小黃門左悺、中常侍徐璜、黃門令貝瑗……桓帝不待說畢，便搖手說：「別說了！」可見桓帝也害怕梁冀的耳目。

當下桓帝還宮，立即召單超、左悺、徐璜、貝瑗等密議，桓帝親齧單超的左臂，以血爲盟。這些內侍擁桓帝御殿，派尚書令尹勳持節出去節制各級官吏，由黃門令貝瑗招集虎賁羽林兵一千餘人，會同司隸校尉張彪，圍住了梁冀的府第。沒收梁冀的大將軍印綬，降封梁冀爲都鄉侯。梁冀倉皇失措，喝毒藥自殺。孫壽也一同飲下鴆酒斃命。

梁冀宗族及孫壽內外宗親盡被拘入連坐，無論老幼全部誅戮。朝廷依附梁冀的公卿列校刺史等誅坐死數十人，朝廷一時爲空。

梁冀家產變賣充公，合得三十億緡。所有梁冀私園，都給與貧民耕植。五常侍因功皆同日封侯，號爲「五侯」。這五人中，除單超早死外，其他四人的驕奢淫佚也毫不亞於梁冀。他們是宦官，已無性功能，但也「多取良人美人，以爲姬妾，皆珍飾華侈，擬則宮人。」

梁冀秉政凡二十餘年，天子拱手，凡事不得有所親與。在皇權受到威脅時，君主對權臣深懷疑懼，就利用宦官以奪其權，制其威，達到上下相維的政治格局。但從此雖然外戚已除，卻漸漸又變爲宦官專權。

在東漢後期，外戚與宦官爭相專權，政治腐敗，淫侈之風遍佈朝野。皇帝本是萬人之上，神聖不可侵犯，但事實遠不是如此，歷史上兩百三十五位帝王中，在位期間被殺害的有四十五人。如果包括下臺以後被殺以及史書隱諱而普遍被史家認爲死於篡弒的皇帝，有六十多人。他們皆死於宦官、外戚或權臣之手，可見皇帝無權尚不如一介草民。

秦失天下，群雄逐鹿，將天下比喻爲一隻「鹿」，誰得到便可任意屠宰，失去了這隻鹿，就只有被人魚肉的份了。若非要給梁冀的故事取一個名字，我想莫過於暫時竊用金庸先生的《鹿鼎記》更爲合適了。

口香糖的故事

早在東漢年間，中國已經出現類似口香糖的藥物了，不過，這種藥物不能拿來不停咀嚼就是了。這種藥物的主要成分是丁香。據東漢應劭《漢官儀》的記述，在漢桓帝時候，一名叫刁存的侍中因上了年紀患有口臭，「帝賜以雞舌香，令含之。」刁存放在口中覺得辛辣刺舌，以為自己犯了什麼過錯，皇上給他一顆毒藥「賜死」。當時不敢把藥物咽下，回到家裏跟家人抱頭訣別哭作一團，場面相當悲情。他的朋友鄰居們聽到哭聲都感到很困惑，於是上門著問刁存發生什麼事，刁存就把皇上所賜的藥物拿給大家看，沒想到大家一看之後哈哈大笑，並且告訴刁存，皇上賜的是「香口之藥」，是除口臭用的。看到刁存將信將疑的樣子，朋友還當場把藥吞了下去，以此證明這不是毒藥，才得以結束一場驚慌。

凱撒被私生子刺殺之謎

布魯圖（約前八十五～前四十二），古羅馬政治家。古羅馬內戰期間追隨龐培反對凱撒。旋任山南高盧總督（西元前四十六年）和城市法官（西元前四十四年）。西元前四十四年與凱西烏等刺殺凱撒。在腓利比戰役（西元前四十二年）敗於安東尼、屋大維聯軍，自殺而亡。

凱撒是古羅馬最著名的軍事家和政治家。他出生於羅馬有名的尤利烏斯家庭，父親曾任行政長官。少年時期的凱撒就胸懷大志，對最高權力充滿著渴望。他受過良好的教育，曾跟從古羅馬演說家毛路專門學習過演說術和修辭學。

西元前七十三年，凱撒在軍隊中擔任參將之職，從此後仕途得意，到西元前六十年，他與克拉蘇和龐培結成「前三頭同盟」，並於次年在克拉蘇和龐培的支持下，成功當選爲執政官，然後逐漸掌握了國家大權。

西元前四十八年，凱撒在法薩羅一戰中大敗龐培大軍，並因此擊敗龐培，回到羅馬後就被推舉爲終身獨裁官，得到了「祖國之父」與「大元帥」的稱號，享有檢察官和保民官大權，權力和榮譽可謂是登峰造極。但僅僅在四年之後便慘遭橫禍，西元前四十四年三月十五日，被一夥反對者刺死在龐培議事堂，死於元老院的陰謀之下，爲首的是布魯圖和凱西約。

布魯圖也因參與此陰謀而得到了關注，人們對他的看法褒貶不一。在許多古代作家的筆下，布魯圖被描繪成一個品德高尚、受人尊敬、酷愛自由和爲國捐軀的戰士。如在莎士比亞的《裘力斯・凱撒》一劇中，安東尼盛讚布魯圖是「一個最高貴的羅馬人」，還稱讚說：「他一生善良，交織在他身上的各種，可以使造物主肅然起立，向全世界宣告，『這是一個漢子』！」但在但丁的《神曲》中，布魯圖卻被當成一個邪惡的出賣者，受到無情鞭笞。書中布魯圖和凱西約都被放在地獄的最底層，同猶大一起受極刑之苦。

但丁寫道：「魔王有三個面孔，正面的口咬著出賣耶穌的猶大，左右口中咬著謀殺凱

撒的布魯圖和凱西約。」

至於凱撒和布魯圖的關係也引起了人們的許多疑問。布魯圖是布魯圖家族的後裔，生於約西元前八十五年，母親是塞爾維利婭，父親則不確定，有人認爲是M・I・布魯圖（被龐培所殺），有人認爲是被他殺死的凱撒，即布魯圖是凱撒的私生子。

爲了說明布魯圖是凱撒的私生子，一些古代作家一再渲染凱撒和布魯圖的母親塞爾維利婭之間的風流韻事。

蘇埃托紐斯說，儘管凱撒有許多情婦，但他最愛的是布魯圖的母親塞爾維利婭。早在西元前五十九年，在凱撒出任第一任執政官期間，他曾買了價值六百萬塞斯特爾奇銀元的珍珠送給塞爾維利婭。而在內戰期間，凱撒除送給塞爾維利婭其他禮物外，還廉價拍賣給她自己的上等地產，使一些人感到很吃驚。

普魯塔克也說，凱撒年輕時與塞爾維利婭如膠似漆、瘋狂相愛。爲了證明二人確實相愛，普魯塔克還描繪了這樣一個插曲：元老院得知卡提林陰謀時，政見分歧的凱撒和加圖正並排站在一邊。這時有人從外面遞給凱撒一張紙條，看到凱撒偷偷地讀著紙條，加圖生氣了，怒吼著說凱撒無恥地接受敵人的命令。加圖的話立刻在元老院中引起軒然大波，元老們要求凱撒將紙條公開。於是，凱撒便把紙條遞給了加圖。原來，這張紙條是加圖的妹妹塞爾維利婭寫給凱撒的情書，公開後當然有損加圖顏面，所以讀畢，加圖將紙條重新拋給凱撒，氣惱地說：「拿去，你這酒鬼！」

恰恰在凱撒和塞爾維利婭熱戀的時候，布魯圖出生了。因此，凱撒有理由認爲布魯圖是自己的兒子。在給布魯圖和凱撒做傳時，普魯塔克是按這樣的基調寫的：凱撒既愛情婦塞爾維利婭，也愛他的私生子布魯圖。在普魯塔克看來，凱撒對反對他的布魯圖所採取的仁慈，正是出於父親對兒子的愛。

例如，當龐培和凱撒爲爭奪國家最高權力而展開內戰開始之後，布魯圖出人意料地沒有投靠凱撒，而是站到殺父仇人龐培一邊。儘管如此，凱撒對布魯圖仍很關心。他命令部下，在戰爭中，不得殺死布魯圖；如果布魯圖願意投降，就讓他當俘虜；如果他不願意當俘虜，就隨他便，不要對他動武。

又如，龐培在法薩盧戰役中吃了敗仗，只得逃往海上。布魯圖乘夜也逃到拉里薩，從那裏，布魯圖給凱撒寫了一封信。凱撒接到書信，得知布魯圖安然無恙逃脫的消息，十分高興。他回信勸說布魯圖回到他的身邊，布魯圖回來後，他不僅原諒了布魯圖的罪過，還給了他很高的榮譽地位。當凱撒渡海攻打加圖和西比奧時，他把南高盧的總督之位讓布魯圖擔任。後來，在由誰擔任羅馬第一大法官職務的問題上，凱撒說：「凱西約的請求固然理由充分，但布魯圖必須擔任第一大法官。」凱西約因此對凱撒懷恨在心。

再如，當聽到有人攻擊布魯圖搞陰謀時，凱撒不屑一顧，並用手摸著自己的身體說：

「布魯圖會等到這副皮包骨的！」這似乎在暗示只有布魯圖才是他最高權力的適合繼承人。凱撒對布魯圖可謂仁至義盡，而且相當信任。普魯塔克也說，只要布魯圖願意，他甚至可以成爲凱撒的第一朋友。

三月十五日那天，元老院舉行會議，凱撒孤身前往，當他在黃金座上落座後，一夥深藏短劍的陰謀者立刻圍上來，其中一個人伸手抓住他的紫袍，其他人紛紛向凱撒猛刺，凱撒奮力反擊，一面掙扎一面喊叫，但當布魯圖也向凱撒的鼠蹊部位刺了一刀，凱撒吃驚地大叫了一聲：「還有你！我的孩子？」隨即他放棄了反抗，他用紫袍蒙上了頭，聽任密謀者一劍劍把他刺死了。看來，直到臨死前，凱撒仍認爲布魯圖是自己的孩子，絕想不到布魯圖會參與謀殺自己。

既然如此，布魯圖爲什麼背叛一向寵信自己的凱撒，甚至謀殺他呢？因爲從根本上說，布魯圖與凱西約一夥是共和派的代表，他們仇視以凱撒爲代表的君主專制制度。按照普魯塔克的說法，布魯圖一夥之所以採取上述立場，是因爲有些人極力吹捧凱撒，並往他頭像上戴王冠，他們擔心有一天凱撒會稱帝。同時，共和派的言論慫恿了布魯圖。例如，當時布魯圖的辦公桌上堆滿了這樣的信件，上面寫著：「布魯圖，你在睡大覺哇！」「你不是真正的布魯圖！」最後，面對企圖稱帝的凱撒，布魯圖堅決表示：「我愛凱撒，但我更愛羅馬！」「不顧個人安危，捍衛我們的國家，爲自由而死，是我刻不容緩的職責！」

此外，在老布魯圖的塑像下面有人寫道：「如果你還活著那有多好哇！」而在凱撒的塑像下面則寫道：「布魯圖，由於他從羅馬趕走了國王，成了第一任執政官。這個人，由於他趕走了執政官，卻成了國王。」

而且，布魯圖從來不把自己看作是凱撒的兒子，而一向以除暴君的布魯圖家族的後裔自居。甚至連普魯塔克也承認，羅馬人當時之所以寄希望於布魯圖，恰恰是因爲他父系家世是第一任執政官布魯圖的後裔，而母系則起源於另一個高貴的塞爾維留斯家族。

現代學者普遍認爲，弒君者布魯圖是布魯圖和塞爾維利婭的兒子，而不認爲他是凱撒的私生子。然而也有人提出，當布魯圖出生時，凱撒已經成人，布魯圖是他的私生子完全有可能。

布魯圖參與了刺殺凱撒的陰謀這毋庸置疑，但他到底是不是凱撒的私生子呢？恐怕連他的母親也說不清，這又給歷史增加了一個撲朔迷離的問題。

自殺還是他殺？

死因成謎的喬治五世與瑪麗皇后

喬治五世（George V，一八六五年六月三日～一九三六年一月二十日），愛德華七世的次子。一九○一年，愛德華七世即位，封喬治為康沃爾公爵、威爾士親王。一九一○年，喬治即位，稱喬治五世。第一次世界大戰期間，喬治五世為了安撫民心，捨棄了自己的德國姓氏，將王室改稱「溫莎」。一九三六年駕崩。現任的英國女王伊莉莎白二世是他的孫女。

喬治五世是愛德華七世和他的王妃的次子，童年大部分在諾福克度過。他十二歲時，就作爲海軍學員被派到達特勞斯的「不列顛號」戰艦上服役。在那裏，他不以王子自居，勤學苦練，贏得官兵們的愛戴。英國人稱喬治五世是「水手國王」。

一八八九年，當他廿三歲的時候，喬治成了一艘魚雷艇的艇長。兩年後被升爲海軍中隊長。不過，這種晉升的喜悅被一場嚴重的傷寒病沖淡，這種傷寒病標誌著喬治的現役海軍生涯告一段落。一八九二年，當他正在繼續康復時，長兄維克托卻病死於肺炎。兄長的去世使喬治搖身一變爲皇太子。他先是被封爲約克公爵，進入上院，並在廿七歲時受命從事長兄所接受的那種教育，攻讀英國憲法，還要攻讀德語和法語，準備將來登基爲王。在此期間，他與原本要嫁給哥哥的瑪麗公主結婚。隨即生下愛德華王子等幾位王子。

一九一〇年五月六日，愛德華七世與世長辭，四十四歲的喬治五世繼任爲國王。喬治在位期間正值英國憂患不斷之時，但他能與民眾共赴國難，很受人民歡迎和尊敬。

然而，喬治從一九二八年起便一直身患重病，老年性慢性支氣管炎和心臟衰竭折磨得他精疲力竭。一九三六年三月二十日，英國官員宣布，喬治五世因年老體衰和疾病纏身撒手人寰。兩天後，皇后瑪麗追隨丈夫而去。

一切都顯得那麼自然。年老再加上有病，兩人都是壽終正寢。

然而，一個名叫沃森的英國人在爲喬治寫作傳記時，向世人披露了所謂喬治五世死亡的真正原因：他是被皇家御醫多遜勳爵注射過量嗎啡和可卡因而死亡的。此語一出，立即在全世界範圍內引起軒然大波，學者們紛紛討論喬治五世和瑪麗的死亡之謎。這時歷史學家哥頓溫特和約翰・詹姆斯在他倆合著的《王室秘密》一書中對沃森的觀點給予肯定，並進一步宣稱：喬治五世和瑪麗皇后都是被謀殺的，絕非官方所說的正常死亡。

在《王室秘密》中，頓溫特指出是當時的瑪麗皇后授意下，由皇家御醫多遜勳爵親手結束了喬治的生命。皇家御醫多遜勳爵向當時還是皇后的瑪麗以及皇太子報告說，偉大的英國國王的壽命正平靜地走向終點。在得知這一情況後，瑪麗皇后和皇太子表示：「倘若回天乏術，看在上帝的分上，請您儘量減輕他的痛苦。」多遜勳爵領會皇后以及皇太子的旨意，在三月二十日英王喬治五世病情實無挽回餘地之時，決定執行皇后的旨意。多遜勳爵命令女護士為國王注射毒藥。由於怕擔責任及對英王的敬畏，女護士拒絕動手。於是多遜勳爵只有親自將嗎啡和科卡因連續兩次注入喬治五世頸部的靜脈裏，大約過了四十分鐘，英國國王喬治五世撒手人寰。

至於瑪麗皇后的死，哥頓溫特和約翰・詹姆斯認為她也是死於謀殺，只不過這次謀殺的主謀正是瑪麗皇后自己。在《王室之謎》一書中，作者這樣寫到：

「當女王祖母瑪麗皇太后臥病之間，正值孫女快要加冕為王，皇太后的死有可以有和她孫女的加冕『撞期』，而如果瑪麗皇太后不能夠在三月廿二日死亡，當今女王的加冕大典就肯定要取消。」

瑪麗皇太后一生都對英國王室極為忠誠，當她本人瞭解到這個情況後，思考再三，最後自己特別提出要求提前死去。果然，瑪麗皇太后如願以償地在三月廿二日下午「壽終正寢」，成就了自己孫女的加冕。

但是，堅持非正常死亡說者也存在自己的漏洞。首先，既然他們認爲是瑪麗皇太后和皇太子在商議之後共同「謀害」了喬治五世，那麼我們不禁要問：「謀殺的動機何在？」

要知道，喬治五世的皇太子就是愛德華八世，那位著名的「不愛江山愛美人」的情種，怎麼會爲了一個他並不感興趣的王位而大逆不道地謀害自己的親生之父？而喬治五世的妻子瑪麗皇后後來也是爲了大英帝國著想，自己主動要求提前死亡，所以，認爲喬治五世是被瑪麗皇后和皇太子愛德華八世謀害致死，實在讓人難以相信。

英國王室對此一直三緘其口，不做任何表態和聲明，看來英王喬治五世和瑪麗皇后的死亡謎團在未來一段時間內，還不能給人們一個清晰明瞭的答案。

以喬治五世命名的地方

一、香港城門水塘，又名銀禧水塘，位於香港新界西南部，一九三六年建成，由於當

年正值英皇喬治五世加冕二十五周年紀念，故時任港督郝德傑將上城門水塘命名為銀禧水塘。

二、香港喬治五世紀念公園，位於香港西營盤，於一九三六年開幕。

三、九龍喬治五世紀念公園，位於香港九龍佐敦，於一九四一年開幕。

四、英王喬治五世級戰艦，是獵戶座級戰艦的漸改型，於一九一一年一月開工。同級艦有喬治五世國王號、百夫長號、大膽號、阿賈克斯號。

（摘自維基百科）

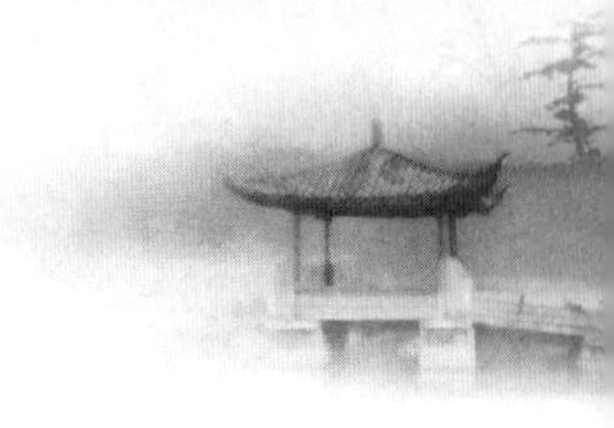

玉體橫陳的典故

北齊後主高緯亡國秘辛

北齊後主高緯（五五六～五七七年），字仁綱，南北朝時期北齊第五位皇帝。他即位時，腐朽的北齊政權已經搖搖欲墜，他仍然荒淫無道，導致北齊軍隊衰弱，政治腐敗。北周來攻，齊軍大敗，高緯慌忙將皇位傳於八歲的兒子高恆，然後帶著幼主高恆等十餘人準備投降南方的陳朝，但他們剛逃到青州就被周軍俘虜了，被北周封溫國公，不久因被誣陷謀反，後被賜死。終年廿一歲。

南北朝時，北齊建國十七年後，高緯即位，史稱北齊後主。高緯昏庸無度，寵信蕭長鸞、穆提婆等人。後宮佳麗如雲，樂人曹僧奴的兩個女兒被選入宮。大女兒因不善淫媚，

被高緯剝碎面皮，攆逐出宮。小女兒善彈琵琶，又能討得高緯歡心，未久冊爲昭儀，極受寵幸。高緯給曹昭儀築隆基堂，雕欄畫棟，極盡綺麗。

皇后穆氏含酸吃醋，想設法除去曹昭儀。便誣陷曹昭儀有厭蠱術，高緯就將曹氏賜死。誰知不多久，高緯又寵幸一個董昭儀，再廣選美女，並封爲夫人，恣情淫欲，通宵達旦。穆皇后更弄得沒法，每天只好與從婢馮小憐哭訴內心的不滿。

馮小憐貌美聰慧，精通樂器，且工歌舞，便替穆后想出一計，情願將身作誘餌，離間諸寵。穆后沒別的辦法，就答應了。

齊主高緯見馮小憐冰肌玉骨，豔明如玉，不由得神魂顛倒，一番雲雨後妙不可言。從此坐必同席，出必並馬，嘗自作無愁曲，譜入琵琶，與馮氏對談，嘈嘈切切，聲達宮外。時人號爲無愁天子。

緯深幸得此馮美人，冊爲淑妃，命處隆基堂。馮淑妃雖奉命遷入，但因爲曹昭儀舊居，恐非吉兆，特令拆梁重建，並盡將地板更換，又費了許多金銀。齊主緯毫無異言，縱教馮小憐如何處置，一體依從，所有內外國政漸漸荒廢。

齊主緯極爲昏聵，政權委託一群奸邪小人，甚至宮裏所養的狗、馬、鷹，都有和郡守一樣的名號，還得食祿。侍奉高緯的宮婢都獲封爲郡君，宮女寶衣王食者五百多人，一件裙子的花費價值萬匹布，一個鏡臺花費千兩黃金，衣服只穿一天便扔掉。大興土木，在晉

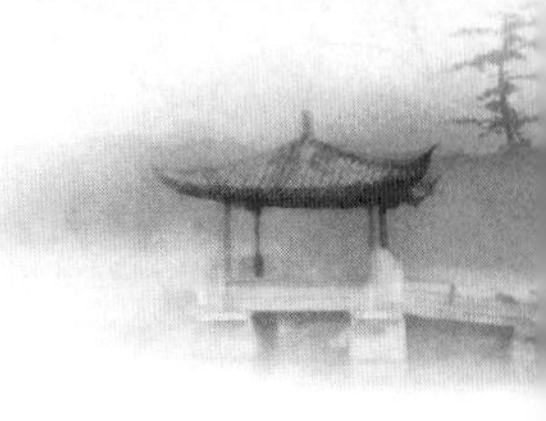

陽作十二院，西山造大佛，一夜間燃油萬盆，勞費數億計。還製作公母馬交合用的青廬，馬飼料十幾種之多，高緯「具牢饌而親觀之」。

在齊國，有錢就可做官，有錢就可以殺人無罪。高緯看戲過癮了，動輒賞賜巨萬。不久府庫積蓄匱乏，民不聊生，國內很多百姓都成了乞丐。齊主緯專在華林園旁，設立一個貧兒村，自穿襤褸的破衣服，向人行乞，以作爲笑樂。他仿造民間市場，自己一會兒裝賣主，一會兒裝買主，忙個不停；又仿建一些城池，讓衛士身穿黑衣模仿羌兵功城，他用真正的弓箭在城上射殺「來犯」的「敵人」。

高緯與大臣們議事的時候，也常常讓馮小憐膩在懷裏或把她放在膝上，使議事的大臣常常羞得滿臉通紅，話說得語無倫次。據說馮小憐的玉體曲線玲瓏，凹凸有致，在冬天寒冷的季節裏，軟如一團棉花，暖似一團烈火；在夏天溽暑炙人的時候，則堅如玉琢，涼若冰塊。或抱、或枕、或撫擦、或親吻，無不婉轉承歡，是一個天生的尤物。「獨樂不如眾樂樂」，高緯認爲像馮小憐這樣可愛的人，只有他一個人來獨享她的美豔風情，未免暴殄天物，如能讓天下的男人都能欣賞到她的玉體豈不是美事。於是讓馮小憐裸體躺在朝堂上，以千金一視，讓大臣都來一覽秀色。「玉體橫陳」的典故即來源於此。

有人告發南陽王高綽的暴行：高綽在定州任上姿情淫暴，見一婦女抱小孩在路上走，上前奪掉婦人懷中小孩，丟在地上餵他養的波斯狗。婦女號哭，高綽大怒，縱狗咬婦人，

狗剛吃飽小孩，不去咬，他就把小孩身上的血塗抹於婦人身上，眾狗一擈而上，把婦人撕裂食盡。

兩位兄弟見面，高緯馬上就爲高綽去掉枷鎖，詢問他在定州時有什麼事最開心。高綽說：「把蠍子和蛆混在一起，觀看互相囓咬最開心。」高緯派人連夜搜尋蠍子，早晨時獲得兩三升蠍子，放進一個大浴盆，綁縛個人放進去，一同看那個人被螫得號叫翻轉。高緯大喜，埋怨高綽：「這麼好玩的事，爲什麼不早派人告訴我知道。」

消息傳入周廷，北周武帝宇文邕親率六軍伐齊。共六萬兵馬，向長安日夕進發。

齊主高緯正與馮小憐在天池打獵，警報從早晨至中午已來了三次。高緯居然說：「只要小憐無恙，戰敗又有何妨！」齊國的右丞也斥責士兵道：「皇帝正遊獵爲樂，邊境稍有戰爭，乃是常事，何必急急奏聞？」

到了晚上，平陽報稱失守，高緯也開始不安起來，未免吃驚，便想集將卒抵抗。馮小憐興致未盡，還要接著遊獵。於是又獵了好些時候，獲得幾頭野獸，方才盡興而回。

第二天，高緯大集各軍，出拒周師。他打仗也不忘帶著愛妾，命丞相率前軍先進，自挈馮淑妃後行。嚴冬將屆，北周軍隊已經退回長安。齊主聽說周已退師，便攻打平陽，妄圖收復。

北齊兵爲收復失地，抵禦外侮，個個奮勇爭先，挖掘地道，架設雲梯，晝夜猛撲。毀去城堞與城牆，挖地道進入城下，城牆場了十餘丈，將士們打算乘勢攻入，然而高緯卻敕令暫停進攻。原來他聽說晉州城西的石頭上，有聖人留下的痕跡，他打算與馮小憐一同去觀看。馮小憐畫眉刷鬢，抹粉搽脂，對鏡顧影自憐，好多時才姍姍來遲。然而那城牆缺口處，早已被周朝守兵用木爲柵，堵塞得十分堅固。齊兵失去了大好時機，士氣十分低落。高緯又怕城中射下的弩矢傷及愛妾，便抽出本來就不多的攻城木具，拆了築造一座橋，他與馮小憐得以登橋遙視。不料橋不堅固，禁不起人來人往，嘩啦一聲坍了。

當時高緯與馮小憐正在危牆上面，差點做了水底鴛鴦。古代軍隊本來就視婦人從軍爲不祥之兆，心理上已有必敗的暗示。

這時，周朝諸軍八萬人直趨平陽。齊兵士氣卻極爲低落，均無鬥志。兩軍兵刃初交，高緯與馮小憐並騎觀戰。見周軍如潮水一般，齊左軍似乎難招架，向後倒退。馮小憐遽然變色道：「敗了！敗了！」穆提婆道：「皇帝快跑！」齊主緯便挈馮小憐往後就跑。

開府奚長諫阻說：「半進半退是用兵的常事，現在軍隊未曾傷損，陛下卻驟然返駕，恐怕陛下一動，人情散亂，軍旅不可復振！那才是不可挽救了！請陛下速西向鎮定各軍！」

高緯沉吟多時，武衛張常山來報齊主道：「軍已收訖，完整如故，圍城兵仍然不動，陛下即宜回至軍前！」高緯勒馬欲回，穆提婆拉著高緯的右肘道：「此言未可輕信。」此

時，馮小憐又在一旁作態，柳眉鎖翠，杏靨斂紅，一雙翦水秋瞳，幾乎要垂下淚來。弄得齊主倉皇失措，不由得揚鞭再走。齊軍失去皇帝，頓時大潰，死亡至萬餘人。

齊主高緯奔至洪洞才停下來，馮小憐攬鏡照影，重勻脂粉，突聞後面又報追兵大至，便上馬再往北逃。其間高緯忽發奇想，讓太監化妝回晉陽取皇后衣飾，封馮小憐爲左皇后，在逃跑途中讓小憐穿上皇后禮服，反覆觀瞧欣賞後接著奔逃。

兵敗如山倒的北齊軍隊一路狂奔數百里退回至晉陽，周軍長驅而趨晉陽，高緯打算棄城北奔突厥。大臣們一再諫阻，齊主不聽，夜開五龍門出走。

晉陽是北齊實際的政治和軍事中心。從史書上可以見到：北齊皇帝一次次從晉陽出發征討北周和北方的幾個游牧民族，又一次次在戰爭結束之後率軍返回晉陽。有一件事情很能說明晉陽對於北齊的重要性，就在先祖高洋自立前夕，領披甲將士八千人向東魏孝靜帝辭行。

望著高洋遠去的背景，曾經被高澄辱罵毆打卻無可奈何的孝靜帝哀嘆道：高洋看來不能相容於我，我真不知道會死在哪一天。年僅二十歲的高洋之所以如此的飛揚跋扈肆無忌憚，無非就是因爲他牢牢掌握著難與爭鋒的晉陽這一軍事重鎮。然而高緯卻輕易放棄了前代數十年苦心經營的地方。

憤怒失望的北齊將士擁立安德王高延宗即位，高延宗將王府中的積藏與後宮美女賞賜給將士們。勁騎四合，好似黑雲一般的北周軍隊包圍晉陽的第二天，平時狂放不羈、行爲殘暴的高延宗此時也表現出了一個皇族應有的作爲，他素來肥壯，前如偃，後如伏，人常笑他臃腫無用，這時卻單獨開城搦戰，手執大槊，馳騁行陣，往來若飛，親冒矢雨身先士卒，領軍四萬出城迎戰北周軍隊。

就在北齊軍隊引軍敗退的時候，周武帝率領數千騎兵突破東門，在晉陽佛寺熊熊烈焰的映照下蜂擁而入。高延宗此時從東門殺回，內外夾擊，北周軍隊大亂，爭相從被人群堵塞的城門敗逃，戰死兩千餘人。周武帝身邊的衛士幾乎全部死散，兩名下屬，一個在前牽引馬頭，一個在後揮鞭抽打，費盡艱險才逃出晉陽。

大勝之後，北齊將士們欣喜若狂，湧入街坊之中暢飲歡慶，一時間，醉臥長街的將士比比皆是，致使高延宗亦爲之流淚。

不可一世的周武帝此時魂膽俱裂，準備撤軍。宇文忻勸阻道：「陛下得克晉州，乘勝至此，今僞主奔波，關東回應，自古至今，無此神速，昨日破城，將士輕敵，稍稍失利，何足介意！大丈夫當從死中求生，敗中取勝，今齊亡在邇，奈何棄此他去？」此前投降的北齊叛將段暢也極力陳說晉陽城中空虛，於是，周武帝勒馬而還，吹響號角集結大軍，在第二天清晨北齊守軍猝不及防之時，一舉從東門攻破晉陽。

高緯逃亡途中相隨的只有數十人。穆提婆開始還從行，走了數里，竟杳如黃鶴，不

知去了哪裡。高緯逃到鄴城。爲迎接馮小憐，他鑿開城北大牆。齊臣斛律孝卿請高緯親自向守城將士問候，以鼓勵軍心，並爲高緯撰寫該說的話，勸皇帝在講話時應該慷慨流淚，以此感動士兵。高緯面對十數萬莊嚴肅穆、抱有哀兵必勝之心的將士，忽然忘了講稿上的詞，於是自己先大笑起來。左右奸佞幸臣也跟著捧腹大笑。由此，軍心徹底瓦解。

鄴城也攻下後，周朝將軍尉遲勤等東追齊主。到青州後，高緯想跑到從前的敵國陳朝避難。寵臣高阿那肱想活捉他獻給周朝，騙他說周朝追軍還很遠。高緯得閒與馮小憐款款溫存一番。卻不料「周師掩至」，高緯嚇得肝膽俱裂，裝了一大袋金子繫於馬鞍，帶著后妃等十幾個人狂跑。

周軍在南鄧村將高緯與其姬妾擒獲。北齊五十州，一百六十二郡，三百三十萬戶人皆入於周。高緯在位歷十二年，自高洋篡魏爲始，至此爲止，共廿八年。到了鄴城，周主也溫顏接見，暫留軍中。

周主封高緯爲溫國公，齊被俘的大臣多人，亦都授官封爵。高緯自幸得生，只是失去一個天生尤物，還未蒙賜還，不得不上前乞請，叩首哀求。周主微哂道：「朕視天下如脫屣，一婦人豈爲公惜！」遂仍將馮小憐還給高緯。高緯拜謝後挈妃自出。不久，周主召緯及高氏諸王公入宴，酒至半酣，令高緯起舞。緯毫無難色，乘著三分酒意，舞了一回。

這年冬天，有人誣告公高緯謀反。周主將高緯父子及齊宗室諸王並皆賜死。高緯只有二十二歲，史稱高緯爲齊後主。

高緯的母親胡氏年已四十，尚有冶容，恆母穆氏年僅二十，更爲嬌豔如玉。兩人流落無依靠，最後只好在長安市中操起皮肉生涯，每天與紈褲少年遊狎。相傳胡氏有夏姬的床上本領，夏姬是春秋時人，有內視法。與人交歡時像處女一般，因此胡氏室無虛客。穆氏妖冶善媚，亦得狎客歡心。胡氏曾對穆氏說：「當皇后不如爲娼，更饒樂趣。」

馮小憐被周主賞與代王宇文達爲妾婢。宇文達本不好色，然而得了這個馮淑妃，竟被她迷住，非常愛寵。原來的代王妃李氏被馮小憐擠兌得差點活不下去。馮小憐曾彈琵琶，忽斷一弦，便隨口吟詩道：「雖蒙今日寵，猶憶昔時憐！欲知心斷絕，應看膠上弦。」後來宇文達被隋主楊堅所殺，楊堅又將馮氏賜與李詢。

李詢是代王達的妃子李氏的哥哥，當年代王達爲寵馮小憐冷落李氏。李詢母爲女報怨，令馮小憐改穿布裙，每日春米、劈柴、燒飯、洗衣且多方謾罵。馮小憐不堪蹂躪，只好自殺。

《隋書》關於馮小憐有如下記載：

「齊後主有寵姬馮小憐，慧而有色，能彈琵琶，尤工歌舞。後主惑之，拜爲淑妃。選彩女數千，爲之羽從，一女之飾，動費千金。帝從禽於三堆，而周師大至，邊吏告急，相望於道。帝欲班師，小憐意不已，更請合圍。帝從之。由是遲留，而晉州遂陷。後與周師

相遇於晉州之下，坐小憐而失機者數矣，因而國滅。齊之士庶，至今咎之。」

幾代北齊帝王，皆凶淫荒唐，還帶著一些神經質，到後主高緯更是登峰造極。究其原因，或許是家族性格的遺傳，或許是後代生於安樂，不知創業的艱辛。其荒誕的程度幾乎類似於小說虛構。其實，紅顏禍水不過是後人在史書上爲那些昏君找的墊背，因爲，即使沒有馮小憐，北齊遇到那樣的皇帝也不會長久。從另一方面說，以高緯那樣不可思議的不羈的想像力，如果不生在帝王家，也不知有多好。

有關馮小憐的詩

高緯被俘後，對周帝提出的要求，竟然是希望把馮小憐歸還給他，其對馮小憐竟痴愛如此。晚唐李商隱的《北齊》，曾諷詠高緯和寵妃馮小憐荒淫亡國的故事：

「一笑相傾國便亡，何勞荊棘始堪傷。
小憐玉體橫陳夜，已報周師入晉陽。」

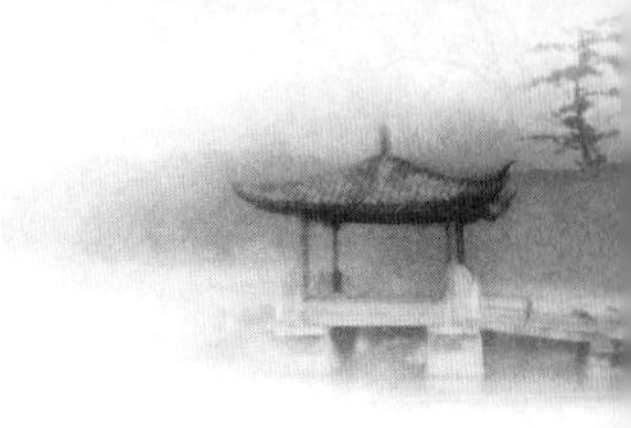

說明了後主在北周入侵時，仍然不理政事，沉溺溫柔鄉中。

死有餘辜的暴君金海陵王

金廢帝海陵王完顏亮（一一二二至一一六一年），是金太祖完顏阿骨打之孫、遼王宗幹的第二個兒子。在位十二年，享年四十歲。海陵王在位期間，不但擴大皇帝權威，甚至於濫用權力，誅殺大臣；而且宮廷生活相當荒淫。紹興三十一年（一一六一年）出兵伐宋，采石大戰失敗，為將完顏元宜所弒，享年四十歲。

海陵王完顏亮是金太祖完顏阿骨打的孫子、完顏宗幹的第二個兒子。即位後，他不遺餘力地摧毀上京地區豪強舊勢力，遷都中京（今北京），進行了一連串改革，促進了女真社會的封建化過程。同時，他不忘祖先尙武的習俗，不廢騎射之事，卻禁止臣下在圍獵時擾亂百姓、妨礙農時，違禁者嚴懲不貸。

如果僅據上述事蹟推斷，海陵王彷彿頗具明主風範。不錯，海陵王在金朝歷史發展過程中佔有一席之地。但是讓人難以想像的是，他一生好色淫亂，淫女、奪人之妻之事不可勝數，其目的就是爲了「得天下美色而盡妻之」，這在中國古代歷史上卻也是不多見的。

貴妃定哥長得花容月貌，原是崇義節度使烏帶的妻子，早年曾與海陵王有私情。烏帶鎭守邊疆，每逢佳節或海陵王生辰，都派家奴葛魯、葛溫詣闕上壽，定哥也派侍婢貴哥前去問候。海陵王通過貴哥給定哥帶話：「自古天子就有兩個皇后的，能把你的丈夫幹掉跟著我嗎？」貴哥回去後，將海陵王的話告訴了定哥。定哥嘆道：「年輕時，君王太不老實了，做出了令人羞愧的事情。現在兒女都已經長大成人，怎能再像年輕時那般胡鬧！」

海陵王知道後，心生一計，派人對定哥說：「你不忍心幹掉你的丈夫，我將族滅你們全家。」定哥仍然不爲所動。

一次，烏帶喝醉了酒，海陵王授意葛魯、葛溫將他縊殺，卻貓哭老鼠假慈悲。烏帶下葬後不久，他就迫不及待地納定哥爲娘子，後進封爲貴妃，常與她一同乘車遊覽瑤池，其他妃嬪都徒步跟從。

麗妃石哥是定哥的妹妹、秘書監文的妻子。海陵王見她秀美，早已魂不守舍，想把她

納到宮中。他對文的庶母按都瓜說道：「你一定要休掉你的兒媳婦，否則的話，我會採取別的行動。」按都瓜把海陵王的話告訴了文，文心裏非常難過。按都瓜嘆息道：「皇上說要採取別的行動，就是要殺你，怎能因爲一個妻子而招致殺身之禍呢？」夫妻二人擁抱在一起，痛哭而別。海陵王如願以償，但仍不滿足。他把文召至便殿，派石哥說些污言穢語來羞辱文，以此爲笑謔。

昭妃阿里虎初嫁阿虎迭，生女重節。重節有羞花閉月之貌，海陵王禁不住內心的騷動，跟她在一起淫亂。阿里虎知道後，極爲震怒，掌擊重節，惹得海陵王非常不高興。

大殺宗室後，海陵王把婦女們都釋放了，因爲她們中不少人都有美色。他想把她們納入宮中，就派人對大臣蕭裕說：「朕的後代還不夠多，這些婦女中有朕的親戚，把她們納入宮中怎麼樣？」

蕭裕回答道：「最近大殺宗室，朝廷內外議論紛紛，爲什麼還要做這種事情呢？」可是海陵王不達目的決不甘休，蕭裕也只好贊同。

可以說，海陵王爲了滿足自己的淫欲，連自己的宗親都不放過。歷史上每位皇帝都有三宮六院，他們當中確實有不少人不滿足，但像海陵王這樣荒淫到令人髮指的地步的，卻是鳳毛麟角。根據文獻記載，當時宮人在外面有丈夫的，都要輪流出入侍奉海陵王。海陵王如果想臨幸哪位宮人，就把她的丈夫打發到上京去，而不讓她一同前往。他經常讓教坊樂工在宮中輪流值班，每當臨幸婦女，就讓樂工奏樂，並命人把幃帳撤掉，毫無遮蔽，有時還派人當面說些污言穢語，以此爲樂。

女使辟懶在外面有丈夫，海陵王封她做縣君，想臨幸她。沒想到辟懶懷孕了，有妊娠反應，海陵王極端厭惡，讓她喝麝香水，親自揉打她的腹部，強行墮胎。辟懶苦苦哀求，希望海陵王能保全這個尚未出世的小生命，他不聽，最終還是把胎兒墮掉了。

海陵王荒淫無度，其原因固然包含著某種政治因素和社會習俗的影響，但他的所作所爲卻激化了內部矛盾，人爲地爲自己樹立了一個對立面，加速了自己的滅亡。

烏林答氏是完顏雍（**後來的金世宗**）的妻子。完顏雍爲金太祖的孫子，在海陵王深忌宗室的危險局勢下，他聽從烏林答氏的建議，多獻珍寶，來取悅海陵王，博得了海陵王恭順的讚譽。

完顏雍在外任職，烏林答氏始終跟隨在丈夫的身邊，夫妻恩愛，相敬如賓。然而海陵王對烏林答氏這位美人，早已垂涎三尺，久存霸佔之心。完顏雍任濟南尹時，海陵王擔心對他失控，就命令他把妻子送往中都燕京做人質。這樣，海陵王既可以控制完顏雍，又可以滿足自己的淫欲。烏林答氏思慮盤算，如果抗旨不去中都，完顏雍將因此遭殺身之禍；如果聽命前往，身心必然遭到海陵王的玷污。在這種保持尊嚴和遭受恥辱的抉擇關頭，深明大義的烏林答氏決定捨命保夫。與完顏雍訣別後，烏林答氏上路了，在離中都只有七十

里路的河北良鄉固節鎮，投湖自殺身亡。

海陵王的一紙淫令，給完顏雍這個美好的家庭帶來了極大的不幸。烏林答氏之死，成爲完顏雍儘快奪權稱帝的催化劑。海陵王自以爲可以爲所欲爲，但是最終卻沒能實現他「得天下絕色而盡妻之」的夢想，反而斷送了自己的性命。

西元一一六一年，他率兵南侵，準備吞滅南宋，統一中國。蓄勢已久的完顏雍乘機在遼陽發動叛亂，稱帝自立。同年十一月，海陵王所率大軍在採石磯被南宋虞允文擊敗，隨後他在揚州被軍將完顏元宜等殺死。已經稱帝的完顏雍想起海陵王對自己犯下的滔天罪行，將他降爲海陵郡王，謚煬，但覺得還不足以出心頭惡氣，後來又把他降封爲海陵庶人，史稱海陵王。

曹操垂涎「二喬」秘事

曹操（一五五～二二〇），字孟德，小名阿瞞，魏武帝。三國時期著名的政治家、軍事家、詩人，譙縣（今安徽亳縣）人。東漢末由鎮壓黃巾起義中擴大了軍事力量，後又在官渡之戰中大敗袁紹而逐漸統一了中國北部。封魏王後，與農築渠，用人唯才，使其統治地區初現興旺。其精兵法，善著詩，遺著《魏武帝集》，已佚。

三國時曹操欲吞併東吳，諸葛亮奉劉備之命到達江東勸說孫權聯合抗曹。周瑜是東吳的關鍵人物，諸葛亮為說服周瑜，欲擒故縱道：

「我有一計，既不必牽羊擔酒，納土獻印，也不必親自渡江；只要派一名使者，送兩個人到江北給曹操，百萬大軍就會捲旗卸甲而退。」

周瑜問：「用哪兩個人？」

諸葛亮說：「我在隆中時，就聽說曹操在漳河新建了一座『銅雀台』，並且廣選天下美女置於其中。他很早就聽說江東喬公有兩個女兒，長曰大喬，次曰小喬，都有沉魚落雁之容，閉月羞花之貌。曾經發誓：『吾一願掃清四海，以成帝業；一願得江東二喬，置之銅雀台，以樂晚年，雖死無恨矣。』可見他率百萬雄兵，虎視江南，其實不過是爲得到這兩個女子。將軍何不去找那喬公，用千金買下這兩個女子，派人送給曹操。曹操得到她們之後，心滿意足，必然班師回朝。這是范蠡獻西施的妙計，還猶豫什麼？」

周瑜道：「曹操想得到二喬，有什麼證驗沒有？」

諸葛亮說：「曹操的小兒子曹植，下筆成文，曹操曾經命他寫了一篇《銅雀台賦》。賦中的意思，單道他家合爲天子，誓娶二喬。」

周瑜道：「先生還能記得這篇賦嗎？」

諸葛亮說：「我愛其文采華美，曾經把它背了下來。」說完，當即將《銅雀台賦》背誦了一遍。其中「攬二喬於東南兮，樂朝夕與之共」一語，果然是想要得到江東二喬的意思。

周瑜聽罷大怒，站起來指著北方大罵道：「老賊欺人太甚！」

諸葛亮連忙勸阻說：「當年漢朝皇帝曾以公主和親，今天爲了退敵，這民間的兩個女子有什麼可惜的呢？」

周瑜道：「先生有所不知，大喬是孫伯符之婦，小喬乃周瑜之妻。」

諸葛亮佯裝惶恐道：「我確實是不知此事，矢口亂說，死罪死罪！」

周瑜道：「我與老賊誓不兩立，希望先生助我一臂之力。」於是，二人遂訂下聯合抗擊曹軍的大計。

這是羅貫中在《三國演義》中有意渲染曹操覬覦二喬美色的主觀意圖。小說家言，並不可信。因爲赤壁之戰在建安十三年，銅雀台建於十五年，談不上「銅雀春深鎖二喬」。羅貫中把曹植原賦的「連二橋於東西兮，若長空之蝃蝀」，改爲「攬二喬於東南兮，樂朝夕之與共」純屬小說的虛構。但如果說起三國時期的美女，人們不會忘記「江東二喬」的。史籍中有關江東二喬的記載極少。陳壽的《三國志》云：

「孫策親自迎周瑜，授建威中郎將，即與兵二千人，騎五十匹。瑜時年二十四，吳中皆呼周郎。以瑜恩信著於廬江，出備牛渚，後領春穀長。頃之，策欲起荊州，以瑜爲中護軍，領江夏太守，以攻皖，拔之。時得喬公二女，皆國色也。策自納大喬，瑜娶小喬。」裴松之注此傳：策從容戲瑜曰：「橋公二女雖流離，得吾二人作婿，亦足爲歡。」

東漢建安四年，孫策從袁紹那裏得到三千兵馬，回江東恢復祖業，在同窗好友周瑜的扶持下，一舉攻克皖城。皖城東郊，溪流環繞，松竹掩映著一個村莊——喬公寓所，後人稱之爲喬公故宅。喬公有二女國色天香，又聰慧過人，遠近聞名。因遣人禮聘，得邀喬公允許，送入一對姊妹花。於是，便有了孫策納大喬、周瑜娶小喬的韻事。

在喬公故宅的後院有一口古井，水清且深。相傳二喬姐妹常在梳妝打扮，可謂「修眉細細寫春山，松竹簫佩環。」每次妝罷，她倆便將殘脂剩粉丟棄井中，長年累月，井水泛起了胭脂色，水味也作胭脂香了。於是，這井便有了「胭脂井」的雅稱。有詩曰：「喬公二女秀色鍾，秋水並蒂開芙蓉。」

民間還流傳著另一說法。二喬婚姻並非自願，孫策、周瑜逼婚時，兩位美女欲投井自盡，又念及老父，便坐在井旁相對而泣，滴滴血淚落入井中，染紅了井水。正如「天柱老人」烏以風所云：「雙雙家女付王侯，傾國定伶漢鼎休，誰識深閨殘井水，至今似有淚痕流。」

從二喬方面來說，一對姐妹花，同時嫁給兩個天下英傑，一個是雄略過人、威震江東的孫郎，一個是風流倜儻、文武雙全的周郎，堪稱美滿姻緣了。郎才女貌，諧成伉儷，當然兩情相愜，恩愛纏綿。然而，二喬是否真的很幸福呢？

其實大喬的命是很苦的。孫策娶大喬的那年是二十歲，大喬是十八歲，可惜天妒良緣，兩年後正當曹操與袁紹大戰官渡，孫策正準備陰襲許昌以迎漢獻帝，從曹操手中接過「挾天子以令諸侯」的權柄時，被許貢的家客所刺殺，死時年僅二十六歲。

大喬和孫策僅過了三年的夫妻生活。當時，大喬充其量二十出頭，青春守寡，身邊只有襁褓中的兒子孫紹，真是何其悽惶！從此以後，她只有朝朝啼痕，夜夜孤衾，含辛茹苦，撫育遺孤。歲月悠悠，紅顏暗消，一代佳人，竟不知何時凋零！

小喬的處境比姐姐好一些，她與周瑜琴瑟相諧，恩愛相處了十二年。周瑜容貌俊秀，精於音律，至今還流傳著「曲有誤，周郎顧」的民諺。小喬和周瑜情深恩愛，生活在一起，隨軍東征西戰，並參加過歷史上著名的赤壁之戰。戰後二年，「瑜還江陵，爲行裝，而道於巴丘，病卒，時年三十六歲。」在這十二年中，周瑜作爲東吳的統兵大將，江夏擊黃祖，赤壁破曹操，功勳赫赫，名揚天下；可惜年壽不永，在準備攻取益州時病死於巴丘，年僅三十六歲。這時，小喬也不過三十歲左右，乍失佳偶，其悲苦也可以想見。

美人命薄，二喬在如詩如畫的江南，過著寂寞生活。吳黃武二年，小喬病逝，終年四十七歲。明人曾有詩曰：「淒淒兩塚依城廓，一爲周郎一小喬。」小喬墓有封無表，平地起墳，漢磚砌成。到一九一四年，岳陽小喬墓上還有墓廬。現在尚有刻著隸書「小橋墓廬」的石碑。

凡知道杜牧句：「東風不與周郎便，銅雀春深鎖二喬。」的人，應該是沒有不知道銅

雀台的。那麼銅雀台究竟是何物？曹操既是志在天下的英雄，又奉行房中術以淫樂。他在發出「對酒當歌，人生幾何」的感嘆同時，收羅「倡優在側，常日以達夕」，且修築銅雀台以收蓄天下美女。他招募方士研究房中術，並以大量宮女作試驗。

《臨漳志》載：「建安十五年，曹操於鄴城西北作銅雀台，高五十七丈，有堂百餘間，窗皆銅龍，日光照耀。上加銅雀，高一丈五尺，舒翼若飛。」金鳳台「在銅雀台南，建安十八年建，高八丈，有屋百九間，安金鳳於顛，本曰『金虎』，後避石虎諱，改爲鳳。」冰井臺「在銅雀台北，建安十九年建，有冰室，故曰冰井，高丈八，有屋一百四十間，井深十五丈，藏冰及石墨，可書，火燃難盡，亦謂石炭。」

銅雀台造好後，每個房間裏有一個絕色的美女。曹操生前縱逸歡樂，在臨死時還遺令這些美女在每月初一、十五要在銅雀台上對著他的陵墓唱歌。不過，這些美女最終被他的兒子曹丕收納到自己的宮裏享用了。如今，銅雀台早已被歷史的風塵所湮沒，

二喬究竟有多美？《三國志》沒有寫，杜牧沒有寫，羅貫中也沒有寫，這種美實在太模糊了。可是，千百年來，這「模糊美」一直動人心魄。上海博物館藏清代吳之璠竹雕《二喬並讀圖筆筒》，王世襄《竹刻鑒賞》一書有照片及拓本，說刻的是「兩婦高髻，一持扇坐榻上，一坐杌子，手指幾上書卷，似在對語。榻上陳置古尊，插牡丹一枝，旁有籠、篋、爐、硯、水盂、印盒等文房用具。」筆筒背刻陽文七絕一首：「雀台賦好重江

東，車載才人拜下風。更有金閨雙俊眼，齊稱子建是英雄。」

作爲豔名傾動一時的美女，江東二喬很自然地成了文學藝術的對象。古代女人美不美全靠歷代筆墨渲染而定，未必可靠。明代高啓的《過二喬宅》云：

「孫郎武略周郎智，相逢便結君臣義。奇姿聯璧煩江東，都與喬家作佳婿。喬公雖在流離中，門楣喜溢雙乘龍。大喬娉婷小喬媚，秋水並蒂開芙蓉。二喬雖嫁猶知節，日共詩書自怡悅。不學分香歌舞兒，銅台夜泣西陵月。」可惜曹操有生之年未能取江東，不然二喬或許就在銅雀台裏度過餘生了。

最強姐弟戀

明憲宗的戀母情結

明憲宗朱見深（一四四七年十二月九日～一四八七年九月九日），為明英宗的長子，明朝第九代皇帝。原名朱見濬。諡號繼天凝道誠明仁敬崇文肅武宏德聖孝純皇帝。土木之變，英宗被瓦剌擄去，被廢為沂王，五年後（一四五七年），英宗因奪門之變而復辟，又重被立為太子，並改名見深。成化二十三年（一四八七年），萬貴妃去世，八月，憲宗過於悲痛而駕崩，時年四十一歲。由三子朱祐樘繼位，即後來的明孝宗。

歷史上得寵的妃子數不勝數，但多以純粹的青春姿色取媚，在與無情的歲月對抗中受到寵愛如初的，卻誰也不及明憲宗的愛妃萬貞兒。

萬貞兒原籍青州諸城（今山東益都縣一帶）人，父親萬貴爲縣衙掾吏，犯法戍邊。萬貞兒年僅四歲便充入掖庭爲奴，十多年後出落得花容月貌。孫太后憐她聰明伶俐，命她在仁壽宮管理服裝衣飾等事。憲宗小時常去朝見孫太后，貞兒在旁邊扶掖太后，與憲宗相親近，漸漸狎昵。

當太子朱見深逐漸成長爲一個十四歲的少年時，貞兒已年過三十，依然往來莫逆，彼此無猜。萬貞兒豔美秀慧，體態如楊玉環一般豐腴，因仍是處女，看上去不過二十左右。天生慧黠的萬貞兒便眉挑目逗地勾引了情竇初開的少年天子，兩人瞞著宮裏人，在華枕繡衾間初試雲雨。自此如膠似漆，形影不離。

英宗崩後，十六歲的朱見深繼位，是爲憲宗。

該到成婚選妃的年紀了，從於母命，冊吳女爲后。后位既定，冊命萬貞兒爲貴妃，另有王氏、柏氏爲賢妃。萬貞兒很是懊惱，因爲從前只有她一人與憲宗共享床第之歡，現在卻無端地多了許多女人。

萬貞兒自恃寵幸，每次見到吳皇后便板著臉不給面子，甚至故意拿架子，這使吳皇后非常生氣。起初還勉強容忍，過了二十多日，實在忍耐不住，免不了斥責她無理。可萬妃非但不知收斂，卻對皇后反唇相譏。一次惹得吳后性起，命宮人將她拖倒在地，親自取過

杖來連擊數下。

萬貞兒回到宮中，哭泣不止。恰好憲宗進來，詢問她因何哭泣。萬貞兒故意不說，最後侍女說明了原因。憲宗大怒，要去找皇后評理。她便搶前牽住憲宗的衣服，佯爲勸慰，憲宗又恨又憐，慢慢替萬妃解開衣服，見她雪白的肌膚上面，一道道杖痕透著血色，不由怒從心起，發誓道：「此等潑辣貨，我若不把她廢去，連皇帝都不做了！」

萬貞兒哽咽著說：「妾已年長色衰，不及皇后玉女天成，還請陛下命妾出宮，以免皇后生氣，妾也省得受那杖刑了！」明明是反激憲宗。憲宗更怒：「你不要這樣，我明日就把她廢去。」萬貴妃欲擒故縱，又激他說：「冊立皇后，是兩宮太后的旨意，陛下廢后，太后不會同意的。」憲宗說：「我自有辦法！」

第二天一早，憲宗便去見兩宮太后，說吳皇后舉動輕佻，不守禮法，不堪居六宮之首，更不足母儀天下，定要廢去。周太后勸阻道：「冊后才一月便要廢去，這也說不過去。」但憲宗堅持要廢，並說若不廢后，他便披髮入山，不做皇帝。周太后溺愛兒子，只得由著憲宗。於是，一道廢后詔書下達，命吳氏退居西宮。

萬貴妃覬覦后位，曾慫恿憲宗，只是太后嫌她年長，且出身微賤，始終不允。過了兩月，經太后降旨，立已同柏氏一起被封爲賢妃的王氏爲皇后，憲宗也沒有辦法。好在王氏性情柔婉，處處謙虛忍讓，還算相安無事。其實王后亦恐蹈覆轍。

成化二年，萬貴妃生下一子，憲宗大喜。本以爲母以子貴，將來孩子當上皇帝，自己也能成爲皇太后，誰知不到一個月，小兒竟短命夭折。從此萬貴妃不再有娠，但卻妒忌其他妃嬪，不讓她們接近憲宗，並在後宮廣設耳目。憲宗有時偷偷摸摸地與其他妃嬪交歡一次，如果妃嬪有懷孕的跡象，多被萬貞兒暗中察覺，她就千方百計逼令喝藥打胎。宮之中人人自危，但懾於萬貴妃的淫威，無人敢出首。因此幾年過去了，憲宗一直沒有子嗣。宮廷內外，朝野上下都爲此憂心，憲宗也爲此極爲焦慮。

到成化五年，柏賢妃生下一個皇子，憲宗高興非凡，大事慶賀，取名祐極。祐極兩歲時，被立爲皇太子。第二年二月，皇太子突然生起病來，病勢來得兇猛，醫藥無靈，令御醫們束手無策，一天一夜後竟夭折了。憲宗哭得死去活來，宮人太監們覺得太子病得奇怪，偷偷查訪下來，果然是萬貴妃下的毒手。但是都明哲保身，誰也不敢去告發，只有憲宗蒙在鼓裏。

大學士彭時、尚書姚夔等紛紛進諫，規勸皇帝擺脫萬貴妃。但是朱見深始終未能做到，萬貴妃反而進一步勾結了太監錢能、覃勤、汪直、梁芳、萬安之流，在宮廷內外胡作非爲，人人側目。

時光如流水，轉眼到了成化十一年，憲宗因處處受萬貴妃控制，又加上思念亡子，便覺得抑鬱寡歡。一日召太監張敏替他梳理頭髮，對鏡自照，見頭上忽有白髮數莖，不禁

長嘆道：「老了，還無子嗣，唉……」張敏伏在地上：「萬歲已有子了。」憲宗愕然道：「什麼意思？」張敏又叩首道：「話一說出，恐性命不保，萬歲爺可千萬替皇子作主，奴雖死無憾！」一邊的司禮監懷恩也跪奏道：「張敏所言不虛。皇子久育西內密室，現已六歲了。因懼禍患，所以隱匿不敢報。」憲宗又驚又喜，懷疑自己在做夢，當即日駕幸西內去見皇子。

《明史》記載說，這位小皇子由於長期幽禁，連胎髮也未剃過，因此「髮披地」。他乘上小轎，被抬到皇帝面前。下轎後，他張開小手，跑著撲向他父皇的懷抱。憲宗將孩子抱入懷中。撫視良久，不禁悲喜交集，垂著淚道：「長得多像我，是我兒子！」

這個皇子是誰呢？原來，成化三年，西南蠻部作亂。平夷之後，將男女俘虜解入京城。其中有一紀氏女，本是賀縣一名士官之女，長得美麗秀慧，被充入掖庭。王皇后看她識文字，命她管理內府庫藏。一天，憲宗偶而來到內藏，問及內藏現有多少金銀錢鈔，她口齒伶俐、應對詳明，使龍心大悅。又見她生得明眸皓齒，嫵媚動人，憲宗便在紀女寢榻中雲雨一番。

過了幾個月，紀氏懷了孕，肚腹膨脹起來。萬貴妃知道了，妒恨異常，派了一名宮婢去打聽實情。那宮婢是個好心人，只說紀氏不過是生了鼓脹病。萬貴妃半信半疑，不太放心，便勒令紀氏退出內藏，移居安樂堂，以不時監督她。

幾個月過去了，紀氏十月妊足，生下一個男孩。然而她憂愁萬分，她知道兒子一定逃脫不了萬貴妃的魔掌，假如不設法弄死，只怕自己的性命也難保。她咬了咬牙，把孩子包好，命令門監張敏把皇子帶出宮去溺死。張敏接過皇子，他想皇上漸老，仍未有子嗣，怎麼能輕棄骨血？於是冒著殺頭的危險，把皇子偷偷藏入密室，取些蜜糖、粉餌之類的食物餵養。幸好以前的廢后吳氏貶居西內，與安樂堂相近，知道這個消息，往來就哺，在眾人的悉心照顧之下，才得保全嬰兒生命。由於張敏行事小心，皇子才安然活了下來。

憲宗派懷恩去內閣報喜，並說明原委。大臣們皆大歡喜，第二天早朝一齊向憲宗道賀。憲宗命內閣起草詔書頒行天下，並封紀氏爲淑妃，移居西內。又命禮部會議，替皇子定名叫祐樘。大學士商輅仍擔心這位皇子會重蹈皇太子祐極的覆轍，但又不敢明言，只說皇子國本攸繫，讓母子住在一起，便於照料養育。憲宗准奏，命紀淑妃攜皇子居住永壽宮。

憲宗還大膽地同其他妃嬪共枕，宮內的妃嬪稍稍放開了一點膽子，那些已經分娩的皇子，陸續報聞。只有萬貴妃一人咬牙切齒，日夕怨泣，到了忍無可忍的時候，又鴆殺紀妃。紀妃被毒死的還是被勒死的，誰也不敢過問。張敏見淑妃被萬貴妃害死，料想自己也難逃毒手，便吞金自殺了。

皇子雖然被接入宮中，但處境很危險，爲了替皇家保存一點骨血，皇太后周氏毅然擔

負起了照看皇子的責任，憲宗對母親很孝順，因此萬貴妃不敢招惹皇太后。

萬貴妃想除去眼中釘朱祐樘。可是也不是那麼容易下手的。周太后爲了保護孫兒，命憲宗將朱祐樘交給她，放在仁壽宮撫養。不久，朱祐樘被冊立爲皇太子。

一天，萬貴妃請祐樘到她宮裏去玩，周太后知道她不安好心，叮囑孫兒，去了之後不要吃任何東西。到了貴妃宮中，貴妃勸祐樘吃餅，祐樘回答說，已吃過飯了。貴妃又勸他吃羹湯，機靈的孩子反問她：「羹中有否置毒？」氣得貴妃半晌說不出話來。「這麼小的孩子就如此防備我，記恨我，如今已年將弱冠，怕不記恨我？」她覺得非下決心逼憲宗易儲不可。

這以後，她一有機會，就要求憲宗廢掉皇太子朱祐樘，誣稱太子如何暴戾，如何矯擅，不如廢去，另立邵宸妃的兒子興王朱祐杬。憲宗初不肯答應，哪禁得貴妃一番柔語，繼以嬌啼。儘管此時萬貴妃已年近六十，可憲宗對她又親又怕，根本離不開她，怎敢不聽從她呢？太監梁芳等人勾結萬妃，大肆侵吞內府錢財，害怕將來太子即位後會懲治他們，也幫著萬貴妃一起攻擊太子。憲宗只得答應了。

第二天，憲宗找司禮太監懷恩商量，懷恩連連說不可，惹得憲宗很不高興，竟把懷恩貶到鳳陽去守皇陵。正想再召集群臣們商議廢立之事，忽報東嶽泰山發生地震，欽天監正據天象所測，說此兆應在東宮，憲宗以爲廢太子會惹怒天意，把易儲事就此擱起。這才保住了太子的地位。

萬貴妃屢次催逼，憲宗只是不睬。費盡心機也無法動搖太子的地位，貴妃挾恨在胸，醞成肝疾，一次怒打宮女，因身體肥胖心臟負荷量大，加上怒氣衝頂，竟一口氣沒有接上來而猝死。

萬妃一死，憲宗好似失了主心骨，涕淚滿面，淒然說道：「貴妃一去，朕亦不久於人世了！」

他主持貴妃的葬禮一如皇后之例，並輟朝七日。這年八月，鬱鬱寡歡的憲宗果然也得了重病，追隨萬貴妃而去，享年四十一。

古埃及第一個女國王哈特謝普蘇特

談到古代女性的地位，馬克斯・穆勒曾說：「自古及今，女性在社會上這麼有地位，恐怕埃及要屬第一。」

據埃及文物顯示，埃及女性在任何場合皆可以與男性平起平坐，她們不但可以在公共場所吃喝，而且還可以在大街小巷做生意買賣。埃及女性還多半握有屬於自己之財產，對於這些財產，生前怎麼使用，死後遺贈給誰，都有其完全自由。現存的全世界最早的一份遺囑，就是埃及第三王朝的一位貴族夫人所留下的。在遺囑中，一一說明她將怎麼將她的土地分贈其子女。

埃及人在求愛、幽會及婚姻方面，首先發動的也幾乎都是女性，在一封埃及情書中有著這樣的語句：「我英俊的朋友，你太使我著迷了。我求你讓我做你的妻子，永遠替你管家。」

對於政治的參與，埃及女性顯然也較其他地方突出，最著名的女性政治家莫過於埃及豔后克麗奧佩特拉了，不過，古埃及歷史上顯然還有另一位女性政治家不能不提及——古埃及女國王哈特謝普蘇特，她可是埃及歷史上的第一位女性國王，比克麗奧佩特拉早了有千年之久。

在古埃及的卡納克的多柱堂廢墟中，矗立著兩塊獻給阿蒙神的方尖碑，其中一塊屬於哈特謝普蘇特女王。碑中，她對世界這樣傲然宣稱：

「花崗石，取自南方石廠；赤金，選自國外。此一神廟，遠自河上，即可眺見。其光輝照耀兩岸，灼灼有如朝陽。……千萬年後，見此廟者，必將曰：『不可解，不可解，前人何以竟把全山，遍塗赤金？』……曉諭世人，我築此廟，斗量赤金，如量黃沙。……」

真是不同凡響的氣魄！這位女性國王不禁讓我們好奇起來，她怎麼當上的國王？

哈特謝普蘇特是古埃及新王國第三任國王杜德摩西一世的女兒，杜德摩西一世在位時是埃及的盛世，他繼承先王的志願，將古埃及的版圖繼續擴大，往南遠及尼羅河第四瀑布以南，往東北方向抵達巴勒斯坦和敘利亞。圖特摩斯一世死後，哈特謝普蘇特嫁給她同父異母的兄弟杜德摩西二世做王后，這種近親通婚的情況在古代王室中相當普遍，這是爲了

維護王室血統純正的常見之舉。

杜德摩西二世登上王位僅僅統治了大約三年就去世了，哈特謝普蘇特作爲太后爲年輕幼小的杜德摩西三世處理朝政，此時的她已經憑藉著太后的身分擁有女性史無前例的權力，但她一直竭力阻撓圖特摩斯三世掌握權力。剛開始，名義上杜德摩西三世是國王和最高統治者，她只不過是輔理朝政，但很快她便廢掉國王，自立爲女王，在西元前一五〇三年到一五二八年統治埃及，時間整整長達十五年。

成爲「君王」之後，哈特謝普蘇特穿著男性統治者的傳統服裝，甚至還戴上典禮上使用的假鬍鬚。哈特謝普蘇特執政期間將父親的軍事行動終止了二十年，這位女性國王似乎不太喜歡打仗。在她統治期間，由她下令修建的紀念碑和藝術品十分繁多，在今天埃及盧克索的尼羅河東岸，我們還可找到這位女王建造的廟宇，這是一座「女王廟」，當地傳說女王生前就已建造好了。她還自詡爲太陽神的女兒，修建了葬祭殿。據說哈特謝普蘇特在政治上曾有一個強有力的助手和寵愛的臣子，名字叫森穆特。據記載，這個人同時擔任的官職最多時曾達到八十個以上。哈特謝普蘇特的許多神廟建築，都是由他負責主持修建的。

哈特謝普蘇特很注重貿易，她在位期間加強了對海外貿易通路的管理和疏通。她還對外組織了一支探險隊往非洲東海岸探險，爲埃及商人找到不少新市場。比較有趣地顯示了

她作爲一個女性國王統治特點的是，她曾加強了對香料的尋找和貿易。埃及人在很早就曾涉險遠行，尋找香水。

乳香是一種從小樹樹皮切口中滲出的芳香樹膠，產自阿拉伯半島的南部沿海和南非。歷代法老曾頻頻派遣考察隊，前往被他們稱作彭特的這一地區，專事乳香輸入。西元前十五世紀，哈特謝普蘇特女王曾派遣艦隊，沿古埃及的蘇伊士運河航行，從彭特帶回整棵的乳香樹。雖然最後未能成活，卻增加了埃及人進一步尋找香料的信心。

即便哈特謝普蘇特如何精明能幹，魄力過人，他的兒子杜德摩西一天天長大了，在母親那裏壓抑了近二十年的怨氣終有一天爆發了，某一日，杜德摩西三世召集了足夠的支持者把他的母親趕下了國王寶座，古埃及歷史上第一位集神與國王身分於一身、戴有表示統治上下埃及雙重王冠的女性結束了她的統治。

令人奇怪的是，哈特謝普蘇特死後不久，她的陵墓即被神秘搗毀，她的名字也幾乎被從所有的紀念碑上抹去，她的木乃伊也被偷走了。

有人喜歡女王的木乃伊?這樣想也挺有趣。

世界上最美豔的女人

埃及豔后克麗奧佩特拉秘事

克麗奧佩特拉（西元前六十九年～前三十年），是古埃及托勒密王朝的最後一任女法老。在她死後，埃及成為羅馬行省。一開始她與她的父親托勒密十二世一同在位治理國家，之後根據古埃及的傳統，她與她的弟弟托勒密十三世結婚並共治，後來她為了鞏固並奪回失去的權位，她與尤利烏斯・凱撒結盟並成為其情婦，並與凱撒生了一個男孩凱撒里昂，重攬埃及的統治大權。

埃及「豔」后有多美？

在一本名爲《震驚世界的女人》的書中，這樣描述埃及女王克麗奧佩特拉：

「她有像青春少女那樣的苗條體態，有一雙烏黑發亮的大眼睛，高高隆起的鼻子比普通婦女更顯得高貴，一頭烏黑發亮的長髮，襯托出細膩白皙的肌膚，使裸露的肢體如脂似玉，微微翹起的嘴唇，似笑非笑，蘊藏著一種高深莫測的神秘。可以說她既具有東方美女的嫵媚，又具有西方美人的豐韻，可謂天姿國色。」

善於製造傳奇的好萊塢電影曾經對此大做文章，著名的大牌美女明星費雯麗、蘇菲亞·羅蘭和伊莉莎白·泰勒都詮釋過這個角色，戲中造型絕對的美豔動人，加上傳說中埃及豔后克麗奧佩特拉憑著「美人計」色誘羅馬帝國的凱撒大帝與安東尼將軍，這樣的女人怎麼可能不美?!

於是，有關「埃及豔后」克麗奧佩特拉的任何故事和新穎別致的說法，總能夠引起世人的關注。

這也難怪，絕世的容貌、古埃及托勒密王朝的末代女皇、與凱撒、安東尼這些重量級巨人的愛恨情愁……其中任何一點都是激發那些「好事」的詩人、作家、畫家和藝術家們豐富想像力的絕好素材，如但丁《神曲》中的「地獄」、莎士比亞歷史劇裏的「凱撒大帝」，都曾把克麗奧佩特拉描述爲一個「曠世的肉感妖婦」；而音樂怪才蕭伯納也稱她爲「一個任性而不專情的女性」……

這樣，現代人一想到克麗奧佩特拉，頭腦中往往很自然地浮現出好萊塢影星伊莉莎白•泰勒所扮演的埃及女王形象，或者那些「好事」畫家們憑美好想像所繪製的圖像。然而，也有史書記載說，她的美貌既不出眾，也難稱驚人。雖說如此，但有關她本人的文物資料卻是少之又少。

近來，考古專家根據出土的古埃及雕像證實，真實的埃及女王相貌平平，甚至有些醜陋！考古學家甚至打趣說：「如果她的鼻子不那麼高的話，恐怕世界史便會因此改寫了。」

當人們得知這樣的說法時，一時半會兒還真有點接受不了，其實，傳說累積多了，假的自然可能成真。人們總會美化那個傳奇般的愛情故事，以符合自己內心對傳奇故事的心理需求。但，事實是不容否認的，根據大英博物館所展示的最新史料顯示，這位埃及豔后克麗奧佩特拉不但沒有傳說中的沉魚落雁，甚至，連容貌頗佳也算不上，只是個身材矮胖、衣著品味甚差且牙齒排列不整齊的女人。

大英博物館展出的古代文物之一，是首次與世人見面的十一座克麗奧佩特拉的雕像，這十一座雕像之前被誤認爲是其他埃及皇后的塑像，包括考古學家在內的許多人很難將她與美豔動人的埃及「豔」后聯繫起來。因爲這些雕像相貌平平、身材矮胖，除了一股堅毅氣度顯現著王者風範外，與一名普通女子並無不同。但很快，考古學家們就驚訝地發現，

「她」就是傳說中大名鼎鼎的埃及「醜后」。

對埃及「醜后」相貌醜陋的解釋之一：可能是當時埃及皇室不懂得優生這樣的生育常識，爲保持血統純正和權力的延續，長期實行堂兄妹通婚，女王因出於近親繁殖，身體很可能有缺陷。

由於實物的證明，人們逐漸看到了以前忽視的那些歷史資料。據許多傳說與歷史記載，埃及女王克麗奧佩特拉是一名才女，她通曉數種語言，希臘文、拉丁語與埃及文都難不倒她；精於治國，善於改革，所以，與其說她是以美貌色誘羅馬帝王與將軍，不如說，她是憑著高人一等的才智確保了自己的生存地位，這方面的資料現在越來越多地被「發掘」和引述。

考古學家近日還有另一驚人的發現，他們找到了「埃及醜后」當年親筆簽署的政令，這些文物也足以證明，這位古埃及女王遠非只靠美貌和情欲，而是靠智慧治國安邦的。這份政令文件的末尾有一個娟秀的單詞，顯然跟文件內容的字體完全不一樣，而且明顯是女性的筆跡。當那個單詞在考古學家們四十倍的專業放大鏡下纖毫畢現的時候，他們失聲驚叫了起來：這不就是「埃及醜后」的親筆簽名嗎？文件的內容可以追溯到西元前三十三年，正是克麗奧佩特拉統治時期，即埃及醜后留下的唯一筆跡。

一位埃及遠古史學家表示：「這份文獻的發現，說明『埃及醜后』在保家衛國，捍衛

自己王位時，運用的技巧跟我們現在處理國際關係時的做法並沒有什麼兩樣。這才是『埃及豔后』美麗與智慧的真正體現。」

考古學家們進一步分析認爲，這份手寫文件不僅僅是一份政府公文，更是「埃及豔后」政治手腕的具體體現，展現了這位女性在處理政治事務時的果斷和決絕。

其實，在克麗奧佩特拉統治時代，古埃及保持著極度繁榮。近來，當一位美國考古學家和他的埃及同事潛入亞歷山大港外海海底的時候，他們看到了一條又一條的街區、一座又一座的雕像，那就是「埃及豔后」克麗奧佩特拉和她的最後一個情人馬克・安東尼共築的愛巢——亞歷山大城。

他們的驚人發現，使這座極富有傳奇色彩的皇家古城獲得重生，這座古城的繁華充分有力地證明了古埃及歷史上昔日耀眼的存在，當然，也再一次證明了「埃及豔后」不僅是位「美豔」的女王，而且還是有著出眾才幹的女王。

歷史總是需要想像的，埃及「豔后」、凱撒大帝、安東尼，這些不一樣的人物總能勾起人們無窮無盡的想像和憧憬，儘管考古學家信誓旦旦，總想找出所謂的「歷史」真相，但永遠也無法阻擋人們追慕傳說的內心欲望，歷史之謎將會源源不斷地繼續下去，也許，說不定哪天人們又突然發現：

埃及「豔后」其實……真的很美豔動人！

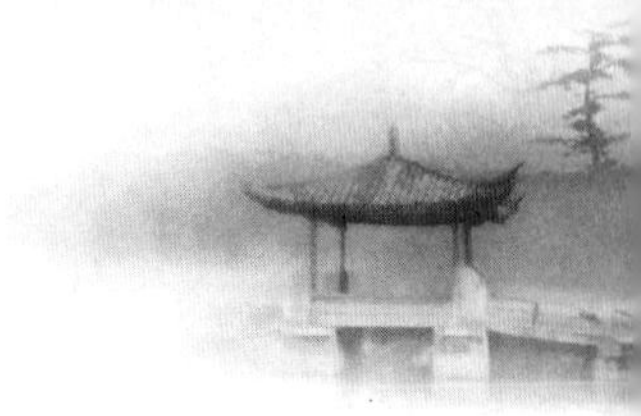

埃及豔后的死

在古代文獻中，尤其是羅馬人所記載的文獻中，大多認為克麗奧佩特拉是被毒蛇咬傷，而毒發身亡。當時流傳兩個有關克麗奧佩特拉的自殺版本，其中一個是她服用毒藥自殺，另一個即是用毒蛇咬傷自己。有一些學者則懷疑這位堅毅的女王根本不會自殺，而應該是他殺，並說很可能是屋大維殺了克麗奧佩特拉。犯罪研究專家帕特·布朗認為是屋大維在殺死凱撒里昂後，為了不讓他未來的統治受到影響，派人殺了埃及豔后。當時正好是屋大維剛剛統治羅馬之刻，為了不讓他的聲譽受到影響，所以才編造了埃及豔后被毒蛇咬死的假象。

賢內助女王

一代女皇武則天

武則天（六二四～七〇五）是唐高宗李治的皇后，後改唐為周，自己做了皇帝。她是中國歷史上唯一的女皇帝，李唐王朝二百九十年的歷史，有近半個世紀是由武則天這位女性皇帝導演的。她一生的功過，經受了一代又一代人的褒揚與貶詈。

唐太宗身體不適，太子李治入奉湯藥，恰好武媚娘侍側，高宗見她長得美麗而心蕩神搖，兩人目光交錯時，武媚便含羞轉過臉。李治苦於沒有機會與她說句話。

一天周圍無人，媚娘奉金盆水跪進，李治手伸進水盆裏，把水灑在武媚衣服上，且挑逗說：「乍憶翠山夢裏魂，陽臺路隔豈無聞。」媚娘隨即宛爾一笑道：「未漾錦帳風雲會，先沐金盆雨露恩。」堪稱最經典的意淫。李治大悅，遂攜她的手，交會於宮內小軒僻處，極盡繾綣。

事後，武媚執衣而泣：「妾雖微賤，久侍至尊，欲全陛下之情，冒犯私通之律。異日居九五，不知置妾身何地耶？」李治解所佩九龍羊脂玉鉤給她，曰：「即不諱，當冊汝爲后。」

武媚就是後來歷史上惟一的女皇武則天，她的父親武士彠，是山西的大木材商，寒門地主出身。他頗好交結，唐高祖在河東時，曾在他家住過。高祖爲太原留守，引用他作行軍司鎧參軍。武士彠力勸高祖起兵反隋。高祖起兵時，他幫助高祖克服了王威、高君雅的阻難，後來又隨高祖入長安。武德年間，他做到工部尚書，封應國公，從此才成爲貴族。

武則天母楊氏，是隋朝宗室宰相楊達之女，四十二歲嫁武士彠爲繼室妻子，生有三女，武則天是其次女。

入宮之前，武則天的生活並不如意。他的少女時期隨做官的父親在四川生活，後來，父親去世，同父異母的兄長對她們母女很刻薄，因此武則天在長安和姐妹、母親有過一段很艱難的生活。

貞觀十一年，十四歲的武則天入宮時，母親楊氏傷心慟哭，武則天安慰母親說：「母

親不要難過，女兒得以一見天顏，怎知不是福分呢？」

進宮一年多之後，終於被召入掖庭，受唐太宗初次寵幸。被太宗賜名叫武媚。一次，唐太宗得到一匹名「獅子驄」的烈馬，性格暴躁，不好駕馭。唐太宗爲此嘆息不已。當時武則天侍候在側，她說：「妾能馭之，然需三物，一鐵鞭，二鐵錘，三匕首。鐵鞭擊之不服，則以鐵錘錘其首；又不服，則以匕首斷其喉。馬供人騎，若不能馴服要牠何用。」

不幸的是，某一年空中出現太白金星，因爲古書中也記載「三代之後，女主武王」，宮中武姓女子只武媚一人。太宗儘管貪戀女色，爲了社稷，從此絕不接近武媚，將她貶爲奴婢，視作妖惑。

武媚粗茶淡飯，在屈辱、嫉妒中長大。唐高宗在他當太子的時候，就看中了武則天。在孤寂的生活中，她逐漸與太子李治志趣相投，關係密切。李治悄悄將玉墜送與她作定情之物。太宗駕崩後，按照慣例，沒有生育過的嬪妃們要出家做尼姑，生育過的則要打入冷宮，爲死去的皇帝守寡，宮中凡受寵幸的女子全到感業寺削髮爲尼。兩年的尼姑生活使她全面地回顧了宮廷生活的富貴與艱險。

高宗李治嗣位，到了第二年，太宗的忌日，李治到感業寺裏來進香，武則天緊緊把握住了這次機會。她使高宗又回憶起了先前的戀情，私下令武則天蓄長髮。最後武則天被李治帶回宮中，再次回到自己生活過的唐朝皇宮，並被冊封為才人。

她能夠回宮，同時還有著另一層複雜的背景，當時王皇后正與蕭淑妃爭寵，決計利用武媚的美貌，轉移高宗對蕭氏的厚寵。遂令武氏暗中蓄髮，獻給高宗，封為宸妃。

武則天回宮之初，也只是宮女身分，安排在王皇后身邊。她能夠「卑詞曲體以事后」，王皇后「數稱其美於上」。永徽三年，武則天生了長子李弘，給自己帶來了晉升的希望，也給王皇后增加了一層憂慮。

永徽五年，武則天被冊封為昭儀，地位僅次於皇后與淑妃。這一舉動使王皇后大為震驚，當初武則天僅僅是個宮女，今天忽然變成生有皇子的昭儀，這使王皇后深切地感受到來自武則天的威脅。一開始，武則天聯合王皇后，奪去高宗對蕭氏的寵愛。當蕭氏失寵後，她認為自己要當六宮之主，必須把王皇后打下去。

有一天，王皇后閒得無聊，到昭儀宮中逗小公主玩了一會兒，然後離去。武氏在王皇后來時，她故意避開，及至王皇后離去，便將小公主弄死，嫁禍於王皇后。事發，唐高宗大怒下詔：「王皇后蕭淑妃謀行鴆毒，廢為庶人。母及兄弟一併除名流放嶺南。亡父王仁佑追奪告身。」

廢王皇后的決定遭到很多老臣的反對，特別是高宗的舅父長孫無忌，後來有人對高宗說：「這是陛下的家事。」唐高宗這才下了決心，後下詔立武則天為皇后。

登上皇后寶座的她面臨的第一個問題，就是如何處置廢爲庶人的王皇后和蕭淑妃。《資治通鑑》載，唐高宗偶然行間其所，見門窗關閉甚嚴，於是呼曰：「皇后淑妃安在？」二人聽了嗚咽痛哭，說皇上如果念舊日情分使妾再見天日，請改此院爲回心院。她們希望唐高宗回心轉意，撤銷對她們的處分。

這件事很快被武則天知道。她採取果斷措施，縊死王、蕭二人，以絕後患。將王皇后與蕭淑妃誣陷坐罪，各杖二百，斷去二人手足，投酒甕中，浸撈骨殖埋於後苑。

當權的國舅、前朝重臣長孫無忌爲了擴大自己的勢力，在內廷儘量鞏固王皇后的地位，在外廷竭力擴大關中軍事貴族的力量。當初高宗問長孫無忌：「王皇后無子，武昭儀有子，朕欲廢后、立后，卿意如何？」

無忌不敢言，有近臣褚遂良諫曰：「王皇后表禮所聘，先帝臨崩，執陛下手，謂臣等曰『朕佳兒、佳婦咸以付卿。』言猶在耳，不敢忘也。況王后未曾有過，何以廢之？陛下必欲易后，伏請妙選天下名族。且武氏經事先帝，又出爲尼，人所共知，天下耳目不可掩也。」

武則天、李義府和許敬宗合謀將長孫無忌革去官職，貶出京城。當皇上準備親召長孫無忌回京去查明事由時，袁公瑜已假傳聖旨賜他自縊。

武媚胞姐自進宮陪伴皇后，漸漸和皇上有了感情，兩人在宮中幽會被武媚察覺，便溜

到城裏去私下偷情。不久武姐有孕，武媚便差人將她用繩子勒死。武姐之女賀蘭氏，心中明白是武媚害死她母親，表面上裝作恭維順從。她在甘露殿和皇上調情時，被武媚撞見，武媚用毒酒將這女孩毒死。

高宗受到一連串打擊，對武媚恨之入骨，準備下詔廢去皇后，被武媚發覺，將立詔的上官儀處死，並要皇上稱她爲「天后」，兩人統稱雙聖，共坐朝堂。此後，唐高宗上朝，都由武則天在旁邊監視；大小政事都得由皇后點了頭才算數。

西元六八三年，高宗病逝。之後繼位的中宗李顯和睿宗李旦，都被武則天廢黜。

武媚陸續將李姓諸臣一一誅殺，平息匡復李唐的諸王之亂，將叛變眾臣放逐嶺南，連投降的上千兵將也殺盡斬絕。有個和尚僞造了一部佛經，那部佛經裏說，武則天本來是彌勒佛投胎到人世來的。佛祖派她下凡代替唐朝皇帝統治天下。又有個名叫傅遊藝的官員，聯絡了關中地區九百多人聯名上書，請求太后即位稱帝。武則天一面推辭，一面提升了傅遊藝的官職。結果，勸她做皇帝的人越來越多。當時文武官員、王公貴族、遠近百姓、各族首領、和尚道士，上勸進表的有六萬多人。此時身爲皇帝的李旦已名存實亡，被迫將王位讓給母后。武后便稱帝登基，改大唐爲大周，自稱神聖皇帝。她是中國歷史上唯一的女皇帝。

高宗在世時一直體弱多病，高宗去世後，武則天便在後宮廣納面首。她所納的第一個

面首是薛懷義。

薛懷義本名叫馮小寶，是洛陽城裏一個販賣脂粉等貨品的。太平公主見他身體魁梧強壯，於是引他進宮，正式向武則天加以推薦，武則天便任命他爲侍從。武媚和馮小寶夜夜同枕共眠，沉溺在床笫之歡中。武則天絕愛之，托言馮小寶有巧思，髡其髮爲僧，改名懷義。

爲了讓薛懷義出入宮禁方便，又因他不是士族出身，乃賜姓薛，改名叫薛懷義。隨即讓他與太平公主的丈夫駙馬薛紹聯宗，讓薛紹稱他爲叔父，這就大大抬高了薛懷義的地位。

從史書的記載來看，薛懷義即是武則天的面首，同時也是太平公主的情夫，可以說是武則天與太平公主母女兩人共用的男妾。

薛懷義曾主持重修洛陽白馬寺，先後晉封爲左威衛大將軍、梁國公、右衛大將軍、鄂國公等。他頤指氣使，驕橫傲慢之極，富貴而驕，多蓄女子於外，又因武則天有其他內寵，薛懷義深爲妒恨，更加爲非作歹，恣意放火燒毀以五百萬鉅資建起宏偉的明堂。武則天極爲厭惡，太平公主便與其乳母合謀，使健婦撲殺了他。

武則天已七十，春秋雖高，齒髮不衰，豐肌豔態，宛若少女。頤養之餘，欲心轉熾，雖宿娼淫婦，莫能及之。武則天寵幸的面首有張易之、張昌宗兄弟及柳良賓、侯祥、僧惠

範等多人。這些人都是以「陽道壯偉」而深得武氏寵愛。

此類面首大部分是經過太平公主親身嘗試之後再推薦給武則天的。張易之、張昌宗兄弟面貌白皙清秀，善音律歌詞。兩人均塗脂抹粉，著錦繡豪華衣裝，深受武則天寵幸。他們兄弟二人平步青雲，屢被加封晉升。因武氏年事已高，政事多委易之兄弟，二人權傾朝中，連武則天的侄兒武承嗣、武三思等人都爭著爲二人執鞭牽馬。在武則天生前，他們作威弄權，一直備受寵信，炙手可熱，驕橫無比。

鑒於歷代皇帝有三宮六院，武則天也想仿效。據《舊唐書》記載：「天后令選美少年爲左右供奉。」這時左補闕朱敬則進諫道：「臣聞志不可滿，樂不可極。嗜欲之情，愚智皆同，賢者能節之，不使過度，則前聖格言也。陛下內寵已有薛懷義、張易之、昌宗、固應足矣。近聞上舍奉御柳模自言子良賓潔白美鬚眉，左監門長史侯祥云陽道壯偉，過於薛懷義，專欲自進堪奉宸內供奉。無禮無儀，溢於朝聽。臣愚職在諫諍，不敢不奏。」武則天對朱敬則的犯顏直諫不但沒有大發雷霆之怒，恰恰相反，竟然對他加以褒獎，說是「非卿直方，朕不知此」。並且賜給彩絹馬匹。這樣，既掩蓋了她在宮中的醜聞，保全了面子，又收到了廣開言路的良好政治名聲。

作爲女皇的武則天，是一個鐵腕人物，然作爲女人，也有情意纏綿，柔情若水的一面，《全唐詩》等錄有其詩多首，如其《如意娘》詩云：「看朱成碧思紛紛，憔悴支離爲

憶君。不信比來常下淚，開箱驗取石榴裙。」

神龍元年正月，宰相張柬之和大臣敬暉、崔玄暐、桓彥範等，趁武則天年老病危，率左右御林軍發動了兵變，誅張易之、張昌宗於迎仙院，迎中宗李顯入朝，逼武則天讓位給李顯，恢復國號「唐」。武則天則由長生殿住進了上陽宮。

同年十一月，八十二歲的武則天病死在東都洛陽上陽宮的仙居殿。死前遺詔：「去帝號，稱則天大聖皇后。」次年五月與高宗合葬於乾陵。並只留下一塊無字碑。

武則天無字碑和高宗碑並列在一處，矗立於乾陵朱雀門外。西面是「述聖碑」，由武則天撰文，唐中宗書寫，歌頌了高宗皇帝的文治武功；東面就是武則天的「無字碑」，高大雄渾地矗立於陵園內城南面朱雀門外司馬道的東側，與其西側頌揚高宗文治武功的「述聖碑」比肩而立。

「無字碑」由一塊完整的巨石雕成，通高七點五三米、寬二點一、厚一點四九米，總重量達九十八點八四噸。碑頭刻有八條互相纏繞的螭龍，碑東、西兩側各刻有冉冉騰飛的「升龍圖」一幅，升龍高四點一二米、寬一點一九米，其身軀矯健扭動，神態飄逸若仙，線條流暢，刀法嫻熟。陽面是一幅獅馬圖線刻畫，其獅昂首怒目，威嚴挺立；而馬則屈蹄俯首，悠遊就食。整座碑高大雄渾，雕刻精細，不失爲歷代石碑中的巨制。

令人奇怪的是，當初立這塊碑時，碑上竟未刻一字。後人所加的文字，也斑駁若離，

若明若暗，模糊不清。據《乾縣新志》載：「向無字。金元後，往來登眺，有題詠詩篇刊其上。」《雍州金石記》也載：「碑側鐫龍鳳形，其面及陰俱無字。」只是從宋代起碑上才有了筆力險峻、字體俱備的題刻。那麼，女皇武則天立這塊異乎尋常的空白石碑，用意何在？成爲一千三百多年來人們猜測、探究卻莫衷一是的「千古之謎」。

武則天的知人與納諫

武則天從輔佐高宗約三十年，臨朝稱制達六年，當女皇十五年，共有五十餘年的政治生涯。武則天參政的這五十餘年，可說是唐朝的發展期，沒有這段發展期，不會有後來五十年的開元盛世期。

武則天有知人之明，在她統治時期選拔出不少具有真才實學的賢才。像狄仁傑、婁師德、姚崇、宋璟、張柬之、桓彥範、敬暉等人都是她選拔出來的。

有一則故事，狄仁傑是經婁師德引薦才入宮輔佐皇帝的。等到他們同朝為官，狄仁傑曾數度排擠婁師德到邊陲地方去打仗。當時武則天察覺他們之間的事，於是就問狄仁傑：

「你認為婁師德是不是一位賢才？」

狄仁傑答覆說：「他統兵為將，能慎於攻守，至於是否賢能，則不得而知。」

武則天又問：「他是否具有識人之明？」

狄仁傑答覆說：「我曾與他一起在朝共事，還未聽說他有識人之明。」

武則天說：「我之所以重用你，乃是因為婁師德推薦你。我看他的確具有識人之明。」武則天隨手拿出以往婁師德推薦狄仁傑的奏章，讓狄仁傑觀看。

狄仁傑看了，十分慚愧。過了不久才嘆息著說：「婁公的德量有如海那麼大，他一直包容我，我卻不自知，我比他差太遠了！」

武則天的用人，除了不計門第，而且不避仇怨，唯才是舉，唯才是用。例如有一次武則天要求宰相們推薦可以任員外郎之職的人。韋嗣立推薦岑義，但說：「只是他的伯父岑長青犯過大罪被殺，恐薦用不妥。」武則天說：「只要他有才幹就用，與他伯父犯過罪有什麼關係呢？」遂封岑義為員外郎。在武則天的《求賢才制》提倡下，當時的大臣也多以薦舉人才為己任。朱敬則和狄仁傑就是如此。

（摘自大紀元文化網）

獨攬皇權終有時

鄧太后擅權禍及九族秘事

鄧綏（八一～一二一），漢南陽郡新野人。東漢和帝皇后，史稱鄧太后。鄧綏出身名門，天資聰慧，喜好讀書，不喜女紅。六歲便能誦讀史書，十二歲通習《講經》、《論語》，志在典籍而不問居家之事。永元七年（西元九十五年），鄧綏十五歲，因其姿美顏麗、絕異於眾而被選入宮。永元八年升為貴人。

鄧綏是東漢護羌校尉鄧訓的女兒，前太傅高密侯鄧禹的孫女，她的母親陰氏是光烈皇后陰麗華的侄女。鄧綏五歲時已知書達禮，年邁的祖母對鄧綏很加鍾愛，一次親自爲她剪髮，因年高目昏，剪刀誤傷到她的前額，血頓時就淌下來。鄧綏卻忍痛不說，坐在那裏一動不動，直到剪髮完畢，旁人見她額上流血，驚問她爲何忍耐不說。鄧綏答說：

「不是不知痛，實在因爲太夫人是因爲喜歡我才給我剪髮，如果喊痛，轉傷老人初意，所以只好隱忍！」

五歲的幼女，就能體貼別人至此。

鄧綏六歲時便能寫篆書，十二歲時可以背誦和講解《詩經》及《論語》，她經常提一些很難的問題請教兄長們，而諸兄長也答不出來。鄧綏志在典籍，不問當時女子應熟悉的居家之事。母親陰氏委婉地勸她說：「你不學女紅針黹，專心文學，難道想做女博士麼？」

聰明的鄧綏體會母親的意思，於是白天學習女紅，夜裏讀典籍，家人戲稱她爲「諸生」。父親鄧訓對她也另眼相看，事無大小，都聽聽她的意見。

鄧綏十三歲時，其父因病去世。當時漢和帝劉肇漸漸長大，到了大婚的年齡。後宮裏面已選入數人，其中前執金吾陰識的曾孫女入宮最早。陰識是漢光武帝皇后陰麗華的兄長，外戚陰家是東漢的名門望族。陰女年少聰慧，知書識字，善解人意，面貌也極爲秀美動人，因此一選入掖庭，即被和帝寵幸，受封爲貴人，永元八年再立爲皇后。鄧綏與陰后同時入選，門閥不亞於陰家，姿色卻比陰后更美。但鄧綏因守喪而暫時不能入宮。

她日夜哭念父親，三年不吃鹽菜，以致姿容憔悴得別人都認不出。鄧綏曾幾次夢見自己用手捫天，還仰起頭，舐飲著青天上的石鐘乳。醒後與家人說，家人都覺得奇怪，便問占夢者主何預兆，占夢者說，上古時堯帝也曾夢見過登天，夏帝成湯也曾夢中仰頭吮天，這是帝王的吉夢。當他看見鄧綏的長相時，不由得極口誇獎，說那是成湯之相，吉不可言，只可惜是個女孩。家人聽說後，都私相慶賀，不過對外未敢明言。

太傅鄧禹在世時，常自嘆說：「我統兵百萬，未曾妄殺一人，後世鄧氏家族必興！」鄧綏的叔父鄧陔也說：「我聽說活千人者，子孫有封，兄長鄧訓生前修石臼河，每年不知保全了多少河工的性命，天道若有知，鄧家陰德所積，必有後福。」

三年後守孝期滿，鄧綏除去了喪服，日常生活漸漸走向正軌。這時她十六歲，出落得越發明豔不可方物，她性格嫻靜，身材修長，肌膚若雪，秀骨姍姍，絕異於眾，見過她的人皆疑爲仙女。宮中再一次將她選入，六千後宮粉黛，一時間被鄧綏比得失去了顏色。

和帝年輕好色，一見鄧綏的姿容，早三魂勾去了七魄，當晚即挈入寢室，帳幃內魚水偕歡，嬌羞之態別有風情，兩人如膠似漆，片刻不忍分離。第二天鄧綏就被冊爲貴妃。

然而鄧綏並不恃寵而驕，爲人處世謹慎依舊，舉動皆有法度。她平時進謁陰后，必定小心伺候，謙損自抑，如履薄冰。對與她地位相等的嬪妃都很謙遜照顧，就是對侍女隸役，也都沒有一點架子。因此宮裏的人對鄧綏都有好感，只有皇后陰氏一個人因嫉妒而暗

中將她視爲仇讎。

鄧綏偶然患了感冒，病情越來越重，和帝忙令鄧氏家屬前來探望，並且破例允許他們自由往來，不限時日。鄧綏卻屢次勸諫和帝說：「宮禁至重，而使外舍久在內省，上令陛下有幸私之譏，下使賤妾獲不知足之謗。上下交損，誠不願也！」

和帝不禁讚嘆說：「他人以得見親屬爲榮，今貴人反以爲憂，深自抑損，真是難得啊！」由此和帝對她越加寵幸，甚至超過了正宮的陰后。

不久鄧綏病好，並不因和帝的寵幸而有所矜張。每當六宮宴會的時候，諸嬪妃都攀比修飾，簪珥光彩照人，衣衫鮮明一新，只有鄧綏淡妝淺抹，卻自有高雅的氣質。她平時穿的衣服，若偶爾與陰后同一種顏色，便立刻換掉；有時與陰后同時進見和帝，她不敢與陰后並行，只是在側面坐下。每次和帝有所問，她必定等陰后先說完才簡短地開口，不敢與陰后同時說話。

和帝認爲鄧綏勞心曲體，便嘆息說：「如此謹慎用心，修德之勞，實在是太難爲她。」

陰后不能生育，鄧綏也久未懷孕，後宮雖間或有生子的嬪妃，但孩子皆早早夭殤。鄧綏雖獨佔和帝枕席，但爲了和帝有子嗣，她屢次慌稱自己有病，讓和帝去其他嬪妃那裏過夜。

陰后對鄧綏妒恨日深，她的外祖母鄧朱常出入宮掖，陰后悄悄與鄧朱計議，讓巫祝咒死鄧綏以洩恨。不料和帝忽然抱病垂危，陰后私下恚恨地對左右說：「我若得志，不使鄧氏再有遺類！」

宮人多對鄧綏心存好感，於是將陰后的密語轉告給她，鄧綏流淚說：「我竭誠盡心侍奉皇后，卻是這樣的結局，不如先自引裁，上可報帝恩，中亦解宗族之禍，下不致爲人彘，雖死也得瞑目了！」（**人彘就是漢初戚夫人被呂后砍掉四肢之事**）。說著，她便欲喝毒藥自盡。

當時一個宮女趙玉在旁，慌忙攔住，且哄她說和帝病已快痊癒，鄧綏這才打消了自殺的念頭。不久，和帝果然漸漸好了，陰后的密言也傳入和帝耳中，於是他愈加憎惡陰后。

和帝察覺到陰皇后妒恨鄧綏，便隨時加以提防。永元十四年，有人告發陰后與外祖母鄧朱暗行巫蠱，私下咒詛宮廷。和帝令逮捕鄧朱以及她的兩個兒子鄧奉、鄧毅，陰后弟陰軼、陰輔、陰敞，嚴刑拷訊之下，承認了巫蠱咒詛之事。

和帝早已與陰后不和，見此再不願顧及舊情，立刻便廢去皇后陰氏，令她徙居桐宮。陰后無法，只得繳出璽綬，幽居於寂寞的冷宮。不久，其父陰綱畏罪喝毒藥自盡，她的弟弟陰輔死在獄中，外祖母鄧朱也受刑過重斃命。家屬多被流放日南比景縣荒蠻之地，只剩下陰后悽惶孤冷，每日只知以淚洗面，過不多時愁病而死。和帝以一口棺木將陰后草草收

殮，當天抬出宮外，葬在荒野裏。

鄧綏起初聽說陰后被廢，曾上書勸阻。群臣請續立皇后，和帝說：「皇后之尊，與朕同體，承宗廟，母天下，豈易哉！唯鄧貴人德冠後庭，乃可當之！」這些話被鄧綏聽到，連忙上書辭謝，讓與后位於周、馮等嬪妃，但和帝最終冊立了鄧綏爲皇后。

當時地方的貢物，競求珍麗奢侈，鄧綏作了皇后，禁絕地方的貢物，每年只供紙墨而已。和帝每次想欲封爵鄧氏家族，鄧綏便哀請謙讓，因此，她的兄長鄧騭始終僅是一個虎賁中郎將的小官。

三年以後，和帝身體不適，病情逐日沉重，最後因病去世，只有二十七歲。當時儲君未立，後宮生子多早殤，宮中被視爲凶地，遇有嬪妃生育，就讓乳媼將生下的孩子抱出宮外寄養於民間。和帝死後，群臣還不知道皇子的下落，帝位的繼承成了問題。

鄧后知道後宮生的孩子，遺存有兩個，長子劉勝天生殘疾，智力低下，不便迎立。少子劉隆此時才生下一百天，還在宮外寄養，當下抱入宮裏立爲天子，是爲殤帝。鄧綏以皇太后的身分臨朝聽政，當時她年僅二十五歲。

鄧后接連下詔大赦天下，又削減宮內日常的費用，她自己早晚只一肉一飯。郡國進貢的東西全部減半，賣掉上林苑所養的鷹犬。後宮多餘的侍女，以及宗戚因獲罪而淪落爲官婢的一律出宮婚嫁。這一年連月下雨，許多郡國患了水災，鄧后就減免租稅，各處祭祀全鄧罷免。

兩年後的秋天，殤帝因感冒風寒而倉猝夭折，年僅兩歲。鄧后與兄長車騎將軍鄧騭在禁中商定立清河王的兒子劉祜為帝，是為安帝。安帝才十三歲，不能親政，仍由鄧太后臨朝聽制。

元興二年夏，京師大旱，不見一點雨。鄧后親自去洛陽寺審察冤獄。有個死囚因被誣殺人屈打成招，見到鄧后，他畏懼官吏不敢喊怨，鄧后即將離去，那個囚犯舉頭想說又不敢說，鄧后便詳細問他所犯之罪，於是為他昭了雪，並立刻將洛陽令下獄抵罪。車駕還未回到皇宮，天上就下起了大雨。

光陰恍忽易過，轉眼安帝已二十二歲，才冊立貴妃閻氏為皇后。元初七年，立皇子劉保為太子。劉保為後宮李氏所生，安帝本想立李氏為后，因閻氏與鄧后戚誼相關，只好讓她作了皇后。閻后素性妒忌，將李氏用毒酒鴆死，只留下了劉保。因鄧后的關係，誰也不敢追問。安帝等閻后生下男孩後立為太子，但閻后肚子不爭氣，五六年都沒有動靜。無奈只好立劉保為太子。

鄧后向來對鄧氏家族子弟訓誡較嚴，但這時聲勢已是顯赫耀天下，宮廷內外都對鄧家子弟無不曲意趨承。安帝年齡也漸漸大了，鄧太后卻沒有還政的意思。司空周章多次上書，要鄧后將政權交還安帝，鄧后置之不理。於是周章便聯絡親信謀變，但事情洩露，

周章畏罪自殺。自此，鄧后提高了警惕，臣下的奏疏中，凡有提到要她歸政者，便嚴加懲處。

郎中杜根上書請鄧后歸政。鄧后大怒，令將杜根裝在大布袋子裏用杖打死，然後棄屍城外。杜根命大未死，漸漸復甦，但他仍然裝死僵臥，直到三天後眼眶中生了蛆，檢查的人完全放心離去，他才逃奔宜城山中，隱姓埋名以避難。

平原郡吏成翊世也奏請太后歸政，被坐罪繫獄。越騎校尉鄧康，屢勸太后隱退深宮，鄧后不從，鄧康託病不朝。太后使侍婢女去探視，婢女由康家選入宮中服事太后多年，當時老年的內侍，多稱中大人，所以侍婢奉命看望鄧康，通名時以中大人自稱。鄧康召侍婢入內，厲聲呵叱：「你出自我家，敢自稱中大人麼？」侍婢無端受辱，回宮便說鄧康心存怨望，詐稱有疾。鄧后不禁大怒，將鄧康罷免官職，削絕屬籍。

永寧二年二月，鄧后身體不適，竟至吐血，可她還勉強起床，乘輦出殿視朝。到了春天三月，鄧后病勢日重一日，不久去世，時年四十一歲，臨朝聽制有二十年。鄧綏死後，安帝才得以親政。尊謚鄧綏爲和熹皇后，與和帝合葬在慎陵。

安帝小時候很聰明，因此鄧后立他爲帝。等安帝長大後，反而沒有了幼年時的機警，與鄧后漸漸有了隔閡。

安帝的乳母王聖見鄧后久不歸政，懷疑鄧后有廢置安帝的意圖。如今鄧后去世，乳母王聖向安帝誣告說：「鄧后在日，暗中與鄧悝、鄧弘、鄧閶及尙書鄧訪欲謀害陛下，立平原王劉德爲君。臣等欲告陛下，奈其貴寵，禁不敢言。願陛下聖明詳察，遠斥奸臣，以爲後世法。」

安帝大怒，傳旨收捕鄧悝、鄧弘、鄧閶的兒子（他們三個已經去世了），以大逆不道罪撤官爲民，並迫令自殺，家屬流徙遠方。接著，鄧騭被罷官，資財田宅全部充公，鄧騭和兒子鄧鳳絕食而死。鄧騭的從弟河南尹鄧豹、舞陽侯鄧遵、將作大匠鄧暢都畏罪自殺。鄧氏子弟被迫自殺的有七人。

自從鄧綏臨朝聽制以來，連年遭遇水旱，少數民族入侵，國內盜賊蜂起，政局幾乎搖搖欲墜。多虧鄧綏知人善任，她每次聽到百姓饑餓流亡便通宵不眠，自己的衣飾飲食能減就減，因此漢政權得以度過難關。鄧綏平時同情體諒他人，廢后陰氏的家屬被和帝流放，鄧綏將他們全部赦歸，還賜給資財五百萬。只是她臨朝日久，不肯還政於安帝，致使家族終不免悲劇的下場。鄧后一死，安帝親政，東漢局勢便急轉直下，進入宦官專權的末路。

《後漢書・皇后紀》對鄧綏記載十分周詳，而陰后則只有短短的幾句。鄧綏無疑是漢朝極爲出色的女性。而鄧綏所控制朝政的二十年左右，對中國社會的影響遠遠大於政治的表面。尤其是在這段時間，出現了許多被後世婦女奉爲楷模的女性。其中有個人物不得不提——那就是班昭。

班昭是史學家班彪的女兒、班固的妹妹，她嫁給曹世叔，丈夫死後被和帝召入宮，鄧綏終身以師事之，號「曹大家」。她撰寫了《女誡》七篇，作爲婦女的道德規範。後世稱爲「女四書」。

班昭的《女誡》力圖建構一整套系統的有關「婦德」的準則。「男尊女卑」等傳統性別觀念，雖非班昭首創，但她的《女誡》卻使這個觀念更系統，也更完整了。這樣一位女性中的佼佼者卻不顧自己的切身經驗，爲全體婦女制訂了一整套鉗制她們的天性自由和生活方式的「女誡」，並嚴重影響了從晚明到民初的婦女生活。

輝煌時代的象徵

「日不落帝國」維多利亞女王

維多利亞女王（Queen Victoria，一八一九年五月廿四日～一九〇一年一月廿二日）。在十八歲時繼承王位。當時，英國已建立了君主立憲制，維多利亞試圖在私下影響政府政策、官員任命，被奉為國家象徵。維多利亞在一八四〇年與表弟結婚。他們的子孫散布在歐洲皇室，使維多利亞得到了「歐洲祖母」的外號。維多利亞在位時間長達六十三年零七個月，是在位最久的英國君主，也是世界上在位最久的女性君主。

一八一九年五月廿四日，維多利亞女王出生於肯墨頓宮，人們親切地稱這位五月出生

的公主爲「小五月花」。

她的父親是喬治三世的第四子肯特公爵愛德華，其母是德國一個小郡寧根王子的遺孀。在維多利亞出生前，肯特公爵曾向一位吉普賽占卜師問卦，占卜師說：「無數次劫難在等待著你，不過你可以安心地離開這個世界。因爲你的女兒將會成爲女王。」然而，公爵卻怎麼也不能把女兒與英國的王位聯繫起來，因爲肯特公爵愛德華是喬治三世最不受重視的兒子。但她自一出生就受到了父親的絕對重視，把她視爲掌上明珠。

一八二〇年，當維多利亞八個月的時候，肯特公爵一時疏忽患了感冒，隨之引起肺炎併發症，很快便離開了人世。六天以後，肯特公爵的叔父威廉三世因晚年精神錯亂而病故。維多利亞的父親肯特公爵去世以後，她一直與母親爲伴，在德國度過了兒童時代。她與母親猶如生活在清規戒律森嚴的修道院裏，最愉快的事莫過於有客人來訪。

後來肯特公爵大哥喬治四世繼位，在位十年，一八三〇年去世。威廉四世上台，當他於一八三七年六月二十日去世以後，廿八日王冠便落到了維多利亞的頭上。儘管威廉四世在即位前已與一女演員同居並生有子女，但英國王室卻不承認庶出子女的王位繼承權；而喬治四世的女兒夏洛特又早年夭折，因此王位就輪到了小小的維多利亞。真是「有心栽花花不發，無心插柳柳成蔭」，本沒有希望戴上王冠的維多利亞女王，卻獲得了此殊榮。

即位之日，維多利亞只有十八歲，她在日記中寫道：

「既然天置我於此位，我將竭盡全力對國家完成我的義務。我還很年輕，雖說不是全部，但在很多事情上也許還缺乏經驗，不過我相信，我比任何人都更有去做好正當合理事情的真情實意。」

事實也說明了維多利亞女王時代是英國的鼎盛時期。帝國的疆土不斷擴張，維多利亞女王成了英國帝國主義的象徵。這位十八歲的公主成了自諾曼第征服以來英國王族的第三十五位君主，也是繼瑪麗一世、伊莉莎白一世、瑪麗二世、安娜之後的第五位女王。

執政初期，輝格黨派的首相墨爾本，對她的影響很大，使得維多利亞女王成為堅定的輝格黨人。在執政兩年後的一八四〇年二月十日，時年廿一歲的維多利亞與同歲的表弟薩克森．科堡哥達親王阿爾伯特結了婚。

這顯然是家族通婚，阿爾伯特親王只比他的表姐晚出生三個月，並且他倆是由同一個助產士接生的。也可以說，他倆的婚姻是天賜的良緣。他倆的結婚典禮成了政治鬥爭的舞臺，被邀請的托利黨人非常少。而托利黨人也拒絕給阿爾伯特親王以僅次於女王的身分。後來在阿爾伯特親王的努力下，尤其是一八四八年英國國內暴發了憲章運動，使維多利亞認識到一個君主超黨派的重要性。

接下來，在阿爾伯特和歷屆首相的協助下，英國的國民經濟、綜合國力、科學技術水準都有了長足的發展，在保持國內一切順利進展的同時，維多利亞不斷向外擴張，殖民地

遍佈全世界，曾有「日不落帝國」之稱。維多利亞經歷的時代，幾乎可以用來概括英國資本主義發展由起始到頂峰的全過程。

十九世紀中葉，英國完成工業革命後，是世界上工業最發達的國家，特別是十九世紀五〇至六〇年代，英國執世界經濟的牛耳，在世界工業生產中始終一馬當先，直到七〇年代，它的煤、鐵、布的產量還都超過美、德、法三大國的總和。英國的機械工業，在十九世紀五〇年代後，不但已經專業化，而且有了地區性的分工。一八五〇年，英國有鐵路九六五〇公里，一八七〇年達二一七二〇公里。七〇年代，英國的植物染料生產還佔有世界的壟斷地位。銀行資本也具有強大力量，倫敦仍然是全世界最大的金融市場。一八九〇年，英國擁有全世界商船噸位的百分之四十八，到第一次大戰前，首都倫敦還是全世界最大的港口。

一八五一年五月一日，阿爾伯特親王積極宣導和親自主持，在一派輝煌奪目、喜氣洋洋的氣氛下，英國在倫敦舉行規模盛大的「萬國博覽會」。博覽會的開幕，受到了來自全世界廠商和各國政府代表團的熱烈歡迎，六百多萬的人前來參觀，洽談貿易。博覽會對宣傳英國的實力，促進產品交流，擴大對外貿易收到了良好的效果。在展覽會期間，成交了數以百萬英磅的貨物，大大提高了英國在世界上的聲譽。

從十九世紀七〇年代起，英國工業生產不斷集中，出現了壟斷組織。帝國主義的兩大特徵已露端倪，「巨大的殖民地佔有和全世界市場上的壟斷地位」。英國資本主義繼承前幾個世紀中英國王朝所遺留下來的廣大殖民地帝國，因而它的發展道路也是繼承著帝國主義的發展。殖民地決定著資本主義經濟的發展。

大英帝國在鞏固了它的印度殖民地後，一八四〇至一八四二，一八五六至一八六〇，英國對亞洲當時的中國清政府發動了鴉片戰爭。英國掠奪、奴役了中國，從中國得到了不少的利益，尤其是香港割讓給了英國。

爲了從國外進一步獲取巨大利潤，在十九世紀後期，也就是維多利亞女王在位的最後二十年，大英帝國的殖民地，在原有的基礎上又得到擴大，掠奪的重點是分割非洲和波里尼西亞。英原有殖民地岡比亞、塞拉里昂、黃金海岸沿岸和拉各斯，加上新佔領的埃及、蘇丹、索馬里、和尼日利亞等等。其後維多利亞又將目光轉向太平洋島嶼與南亞、西亞地區。緬甸、新加坡、賽普勒斯、馬來西亞和汶萊等等置於英國的統治之下。

在維多利亞在位的六十多年裏，是英國殖民地急劇擴張的幾十年。一八八〇年，英國殖民地面積爲七七〇平方公里，人口二點六多億，到一八九九年，殖民地面積增至九三〇萬平方公里，人口三億多。殖民地遍佈世界各大洲，自命爲「日不落帝國」！

一九〇一年一月廿二日，維多利亞在維特島走完了她的人生之旅。維多利亞女王十八歲登基，在位六十四年，她不僅是英國王族歷史上在位最久、壽命最長的一個國王，在世

界歷史上也較爲少見，而且她統治的時代是英國歷史上最輝煌的一個時代，也就是後來歷史所說的「維多利亞時代」。

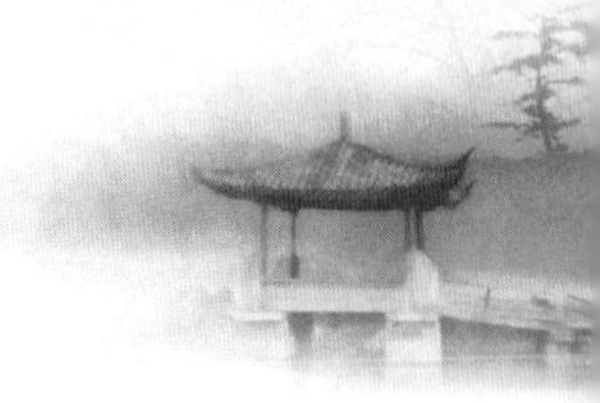

終身不嫁的女王

英國女王伊莉莎白一世

伊莉莎白一世（Elizabeth I，一五三三年九月七日～一六〇三年三月廿四日），是都鐸王朝第五位也是最後一位君主。她也是名義上的法國女王。她終身未嫁，因此被稱為「貞潔女王」（The Virgin Queen），也被稱為「榮耀女王」（Gloriana）、「賢明女王」（Good Queen Bess）。她即位時，英格蘭處於內部宗教分裂的混亂狀態，但她不但成功地保持了英格蘭的統一，而且在經過近半個世紀的統治後，使英格蘭成為歐洲最強大和最富有的國家之一。英格蘭文化也在此期間達到了一個頂峰，湧現了許多著名人物，包括劇作家莎士比亞、桂冠詩人史賓賽等。她的統治期在英國歷史上被稱為「伊莉莎白時期」，亦稱為「黃金時代」。

伊莉莎白・都鐸是英國都鐸王朝的最後一位國王，在她統治的四十五間，國內政治穩定，經濟發展，文藝繁榮；對外方面，英國取得了海上霸權，在東方擴張勢力，出現了一個被英國人稱爲「光榮時代」的伊莉莎白時代。

一五五九年，伊莉莎白正式批准亨利八世時代的「最高權利法案」，在她執政期間，始終堅定不移的貫徹執行。一五八八年擊敗西班牙的無敵艦隊，震驚了整個歐洲，使英國海軍成爲了無敵艦隊。一六〇〇年東印度公司成立，這個賦有政治、軍事職能的公司，從通商開始，繼之以武力征服，終於在一八四九年征服全印度。東印度公司在印度種植的罌粟，後來引起了對中國的鴉片戰爭。

伊莉莎白把英國文藝復興運動推向了高潮，使英國新時代的哲學、文學、藝術和建築等領域都出現了一片興旺景象。偉大的文學家、學者如斯賓塞、莎士比亞、培根都出在她在位期間。被羅馬教會迫害的天文學家布魯諾在女王的宮廷中受到歡迎。

以那個時代爲特徵的建築、時裝也都冠以伊莉莎白的名字。

而這位曾鑄造無數輝煌的女王，在個人婚姻方面卻始終「獨善其身」，一直是人們猜不透的問題之一。由於伊莉莎白女王終身未婚，身後無嗣，在她死後不得不把王位傳給蘇格蘭國王詹姆士。下面我們將從伊莉莎白的成長經歷、執政過程中挖掘出這其中的原委。

伊莉莎白是英國國王亨利八世的女兒。一五三三年出生在泰晤士河畔的格林威治宮，她的母親原是亨利八世的宮女。這樁婚姻並沒有得到天主教會的承認，因而，伊莉莎白被認爲是私生女。在一五三六年五月，當時她兩歲，她的母親以通姦罪被處死。幼小的伊莉莎白遭到了父親的遺棄，被逐出王宮。

母親的慘死，父親的絕情，使伊莉莎白的童年充滿了不幸，再加上對王宮婚姻的恐懼，憂鬱、淒涼的種子已經深深地埋藏於伊莉莎白童稚的心裏。

她自幼端莊、嚴肅，六歲時竟似四十多歲的大人般嚴肅，引起了很多人的感嘆。一五三七年，亨利八世有了愛德華王子，伊莉莎白的地位又下降一級。十歲時，在亨利八世第六位妻子帕爾的斡旋下，伊莉莎白得以重返王宮，得到帕爾的監護。

一五四七年，亨利八世駕崩。他在遺囑中規定了王位繼承的順序：他死後，王位由其獨子愛德華繼承；愛德華死後若無嗣，王位由他和他的第一位妻子凱薩琳王后的長女瑪麗繼承；瑪麗死後若無嗣，王位則由其次女伊莉莎白繼承。亨利八世對她還算慈愛，規定她爲第三繼承人。

伊莉莎白小時候受過一系列嚴格的教育，對語言、歷史、哲學都有一定的訓練。並會希臘、拉丁、法、西、意等外語，尤其對神學有極大的興趣，這對她將來執政有很意義。

本來伊莉莎白繼承王位的可能性微乎其微，但是由於愛德華少年早逝，後來的瑪麗女王也因病於一五五八年去世，機會又神奇般地降臨到她身上。在亨利八世死後十一年，

也就是一五五八年十一月十七日，伊莉莎白終於登上了英國國王的寶座，史稱伊莉莎白一世。

伊莉莎白登基之時，正值青春年少，芳齡廿五，是一個風姿綽約、光彩照人的女王形象。伊莉莎白的美貌、才學加上她頭頂上的王冠，使得歐洲多少王公貴胄，爭相拜倒在她的石榴裙下，渴望與她喜結良緣。然而，女王對此一直未置可否。因爲當時王室婚姻與政治有著千絲萬縷的聯繫，並且經常成爲悲劇的糾紛和戰爭的癥結或觸發點，以頭腦冷靜著稱於世的伊莉莎白對自己的婚姻問題採取了謹慎的態度。

這可以從她對西班牙國王腓力普二世的求婚中可以看出。

腓力普二世是她的姐夫，也是最早向她求婚的貴胄。腓力普二世求婚的真正目的是求得兩國聯姻，以保護西班牙的利益。但是，伊莉莎白對這樁婚姻卻顯得非常冷靜和慎重。她的姐姐瑪麗女王與腓力普二世的婚姻曾經給英國帶來危害，人們記憶猶存。而且西班牙又是一個頑固的天主教國家，與伊莉莎白奉行的新教格格不入。但伊莉莎白並沒有馬上拒絕腓力普二世的求婚，因爲她初登王位，還不敢惹怒西班牙，相反，她此時需要利用西班牙在國際事務中的影響力以求自保。因爲伊莉莎白的身分，使她在即位以後，作爲英格蘭女王的身分，遲遲未獲國際社會的承認。伊莉莎白不動聲色，她在暗中打起腓力普二世這張王牌來，對腓力普二世的求婚，她給予模稜兩可的答覆。態度是曖昧的，使西班牙國王對這樁婚事長期抱有希望，從而拖延了西班牙對英國的直接攻擊。後來在伊莉莎白獲得自己英格蘭女王的身分合法以後，便以宗教信仰不同，明確拒絕了腓力普二世的求婚。

這是伊莉莎白第一次以自己的婚姻大事爲籌碼，以性別作爲利器，周旋於歐洲大國之間。

在這之後，相繼又有法蘭西的阿倫伯爵、羅馬皇儲查理大公、瑞典國王埃里克等王侯貴冑的求婚，但她清楚地認識到，王室聯姻是政治性的，她不想因自己的婚姻使英國從屬於任何一個別的國家，英國需要的是「中立」。鑒於此，對於這些人的求婚，伊莉莎白並不爲之心動。

或許她也根本不打算結婚。但是她將自己的想法深藏不露，以娓娓動聽的言辭來掩飾自己的真實意圖，她從不向各國王侯貴冑關上求婚的大門，而是閃爍其詞，始終讓他們對聯姻之事懷有希望。在當時歐洲各王朝之間盛行政治聯姻的年代，伊莉莎白幾次三番地將自己的婚姻大事變成了外交遊戲。

後來，在伊莉莎白一世三十歲的時候，即一五六三年，英國議會上下院皆擬定了一個請願書，請求女王能爲國泰民安、以及爲國家的長治久安著想，儘快選擇佳偶完婚，期望她爲王室生養繼承人。

這件事情的緣起，是由於一五六二年，英國發生了一次王位繼承危機。

這一年女王不幸身染天花，差點一命嗚呼。但她終於逃脫死神的誘惑。英國舉國上下都從這次危機中感到王位繼承問題的嚴重性。伊莉莎白否定了國內流傳她獨身的說法，但也沒有明確表示她要結婚，女王婚姻與王位繼承問題又一次拖延下去。

伊莉莎白身爲女人，她也有七情六欲，同其他的女人一樣，也希望白馬王子向她求愛，也欣賞風度翩翩的男士向她獻殷勤，傾聽對她癡迷的男士唱讚詩。在她自己國家內，也不乏她喜愛的人，其中最讓她動心的是一位名叫達德利的伯爵。

達德利高大強健，英俊瀟灑，談吐優雅，舉止得體，騎術高妙，經常隨侍女王，很受伊莉莎白寵愛。伊莉莎白一度曾想與他成婚，永爲伴侶。然而，外界傳言，說達德利是個有婦之夫，同時達德利的妻子突然不明不白地死去，引起朝中人議論紛紛。人們都懷疑伯爵害死了自己的夫人。

這其中的原委，大家都可以猜得出來。可能是這一事件，使女王終於未做進一步表示。她心裡清楚地意識到這時同伯爵結婚，必定會引起臣民的震驚，削弱屬下對她的忠誠。政治上的審時度勢、權衡利害，迫使她毅然把自己的感情封存起來。也許在她看來，保持獨身對外人有更強烈而持久的吸引力。達德利後來娶他人爲妻。一五八八年達德利去世，消息傳至宮中，女王悲痛不已。

一五七八年時，伊莉莎白已經四十五歲了，仍然待字閨中。這時法蘭西國王亨利二世的弟弟、年僅二十歲的安茹公爵又向她求婚。據說女王曾答應了這樁婚姻，但後來似乎考慮到英、法、西班牙之間複雜的國際關係，就在將要舉行婚禮的前幾天，女王突然變卦。她鄭重宣布解除婚約，並表示要堅持獨身。

她曾經明確說過：「我無須再選佳婿結婚，因爲我在舉行加冕典禮時，已將結婚戒指戴與我國臣民的手指上，意即我與全體臣民爲伴，將我的生命與貞節獻於英國。」因此，伊莉莎白在英國曾有「貞節女王」的美名。

一六〇三年三月廿三日，伊莉莎白在執政四十五年後悄然離開了人世。

她去世後，身邊的人默默地從她手上取下了那枚象徵著嫁給英國的結婚戒指。而伊莉莎白終身未嫁的內情也如同她的人一樣，留給後人無限想像和慨嘆的空間。

也許她的父親亨利八世三次殺妻、六娶皇后的行爲，給年幼時的伊莉莎白造成了心理上的創傷，她對婚姻有一種與生俱來的恐懼感；

也許真如她所說爲了全體臣民，出於國家利益的需要，她只能選擇獨身，因爲在當時的形勢下，她和任何人結婚都會引起不可預料的麻煩；

也許她對王室婚姻，這種包含著太多陰謀和利害關係的婚姻，已經看穿看透了，才會義無反顧地做出獨身的選擇；

也許……

英國王室血統五百年前已斷？

兩年前，英國一處停車場發現一具骨骸，經DNA比對，幾乎可以確定是英王理查三世。而DNA提供的資料顯示，理查三世的外貌特徵不但與現存的肖像有出入，而且可能也沒有王室血統。果真如此，英國女王伊莉莎白二世的王位會有問題嗎？一起來看看。

英國女王伊莉莎白二世出生王室之家，她的王室血緣可追溯到好幾百年前，可是在對這具遺骸做了DNA比對後，現在英國王室血統的純正度恐怕要打個問號了。

科學家表示，兩年前在萊斯特郡停車場發現的遺骸，幾乎百分之百可確定是理查三世，骨骸DNA測試所得到的結果，理查三世應該是金髮、藍眼，與肖像上的棕髮、褐眼很不相同。

但叫人更吃驚的是，英國王室血統可能從某一支起就不純正了。

萊斯特大學舒爾：「老實說，這也沒什麼叫人吃驚的，以前私生子、假血緣或無血緣的比例很高，這大家都知道。」

基因學家想把理查三世的Y染色體和他後代的Y染色體拿來比對，奇怪的是，卻找不

到半個人。CNN記者麥可洛葛倫：「科學家認為這是因為在第五世波福特公爵和理查三世間，出現血緣斷層，科學家不知道這是怎麼發生的，也不知道是何時發生。」

照這個結果來說，理查三世是沒資格坐上王位的，如果這血緣的斷層出現在亨利四世的父親，也就是蘭開斯特公爵約翰岡特那時，現在英國女王的正統性就有問題了。

萊斯特大學舒爾：「在這件事上，約翰岡特至關重要，如果血緣是從那裡斷掉的，蘭開斯特王朝的正統性便存疑了，因為蘭開斯特王朝與都鐸王朝一脈相承，連帶都鐸王朝的正統性也會有問題。」

都鐸王朝後便是溫莎王朝，若前面出錯，等於一路下來血緣通通不純正，但科學家認為血緣不純正的狀況應該發生在晚期。

萊斯特大學舒爾：「我們不是要說溫莎王朝沒正統性，一點也不是這樣的，一方面是因為王室繼承不一定跟著血緣走，重點是一個王朝歷經好幾世紀，本來就會有許多曲折迂迴的狀況。」

坐上王位除了靠血緣外，有時也要靠機緣，但無論先祖血緣如何，伊莉莎白女王的王位都不會受到動搖的。

（摘自：網路民視新聞黃彗澤綜合報導）

清朝的無冕女王

終結大清的慈禧太后

慈禧太后（一八三五～一九〇八），葉赫那拉氏，滿洲正黃旗人，安徽寧池廣太道惠徵之女。咸豐元年（一八五一）入宮，封懿貴人，六年生子載淳（同治帝），進懿貴妃。同治即位後，與恭親王等密謀殺肅順，垂簾聽政。光緒即位後，仍聽政。光緒親政後，因無實權，發動戊戌政變，被其挫敗，將光緒囚於宮中。光緒二十一年，光緒卒，次日，慈禧亦卒。葬於東陵。

慈禧太后執晚清政權五十年，其間發生的許多大事可謂路人皆知，慈禧在我們的印象中，不外是一個賣國者、陰謀家、狠毒而冰冷。但作爲一個凡人來說，慈禧也有她不爲人知的另一面，有與平常人一樣的喜怒哀樂、七情六欲，並不是我們想像的那麼不可思議。

一、琴師

北京琉璃廠有個叫張春圃的琴師，以爲人彈琴糊口。他爲人戇直且樸野，琴技出神入化，在士大夫中口碑極好。慈禧閒來無事想學琴，聽到張春圃的名聲。就把他召入宮裏彈琴。

據說彈琴的地方在寢殿的西廂房，正屋有七大間，慈禧坐在最西邊一間，距離西廂房很近。張春圃在宣召時就與太監約好，不能跪著彈，必須坐著才可以彈好，太監一口許諾，所以不讓他對著慈禧的面。

西廂房擺著七八具琴，都是金弦玉軸，極其華貴，張春圃試彈都不合節拍。接著聽到慈禧說：「可將我平日所用的琴取來讓他彈。」太監奉命取來給張春圃。張春圃一落指，覺得聲音十分清越，連聲稱讚：「好琴好琴。」張春圃彈了一首，稍作休息。忽然見有幾個穿乳母衣服的人攜一個十歲左右的幼童過來，衣服極華美。幼童見了琴就用手指玩。張春圃阻止說：「這是老佛爺的東西，動不得。」幼童瞪目看著他。旁邊一個婦女即責備張春圃：「你知他是誰，老佛爺事事都依他，你敢攔他，你不打算要腦袋了！」張春圃不再

說話。

這天張春圃出宮後，後來慈禧又宣召，他寧死也不敢去了。張春圃爲人狷介有志節，因爲貧窮在廠肆爲傭，而其琴法馳名於公卿間。慈禧那天曾命太監傳語說：「你好好用心供奉，將來爲你納一官，在內務府差遣，不怕不富貴。」但張春圃自見那個幼童後，絕跡不入宮。同輩問他，張春圃說：「此等齷齪富貴，我不羨慕。」

肅王聽說張春圃的名聲，召他至府邸彈琴，給他月俸三十金，早來晚歸習以爲常。張春圃覺得束縛不自由，欲擺脫卻沒有好辦法。一天黃昏下雨，肅王說：「你別回去了，就住在這裏罷。」張春圃不肯，肅王再三挽留，張春圃說：「肆主不知我在此留宿，還以爲我嫖娼呢。」肅王大怒，將他驅逐出去，再也沒有召他進府。張春圃欣欣然以爲得計。

有一個世家小姐曾請張春圃教琴，張春圃午後來，彈完一曲就走，連一口水都不沾唇。後來張春圃因狷介而貧困死。

其實晚清容納了許多獨立特行的奇人，張春圃並不因爲不奉慈禧詔，或惹怒肅王而招來殺身之禍，擱到別的朝代是不可想像的。

二、鳳冠霞帔

光緒中葉以後，慈禧忽然怡情於翰墨，學畫花卉，又學寫書法，常寫福壽等字賜嬖幸

大臣。但自己的字寫得不太好，就想找個代筆的婦人，於是降旨各省督撫留心尋覓。

四川有官眷繆氏，其夫在蜀地做官死在任上。繆氏工花鳥，會彈琴，小楷字寫得楚楚清秀，於是被送入京裏。慈禧召見面試後大喜，讓她隨在左右，朝夕不離，並免其跪拜。月俸二百金，又爲她的兒子捐內閣中書職位。繆氏有時也作應酬筆墨賣於廠肆，其書畫頗有風韻。自是之後，凡大臣家有慈禧所賞的花卉扇軸等物，都出自繆氏的手筆。

慈禧六十大壽的前幾天，忽然問繆氏：「滿洲婦女的婚妝，你也見過了；我卻沒見過你們漢女結婚時穿的是什麼？」繆氏說：「是鳳冠霞帔。」慈禧說：「慶祝那天，你要穿鳳冠霞帔作我的陪賓。」第二天，繆氏買了鳳冠霞帔穿上，慈禧大笑不可仰止，說像戲劇中的某人。

到了慈禧大壽那天，眾滿族婦女入宮，看見繆氏的服裝無不大笑失聲。慈禧當天十分高興，而繆氏被束縛在鳳冠霞帔裏整整站了一天，苦不堪言。估計她下輩子再也不想穿什麼倒楣的鳳冠霞帔了。

三、男寵

傳說慈禧太后有男寵，若武則天之與薛懷義、張昌宗那樣。清代文廷式《聞塵偶記》云：光緒八年的春天，琉璃廠有一位姓白的賣古董商，經李蓮英介紹得幸於慈禧。當時慈

禧四十六歲。白某在宮裏住了一個多月以後被放出。不久，慈禧懷孕，慈安太后得知大怒，召禮部大臣，問廢后之禮。禮部大臣說：「此事不可爲，願我太后明哲保身。」當夜慈安猝死。

另有野史記載：慈禧好吃湯臥果，每日早晨派人去宮門口買四枚湯臥果，由金華飯館的夥計派人送來。金華飯館有一個姓史的年輕夥計，長得玉樹臨風，儀容俊美。史某與李蓮英混熟了，經常被李蓮英帶到宮裏去玩。

有一天，慈禧忽然發現李蓮英旁邊站著個俊美的少年，便問李蓮英那是誰?李蓮英十分害怕，因爲帶外人入宮嚴重違反宮禁，但又不敢撒謊，只得如實稟告。慈禧沒有表現出生氣，反而有些興奮，將史某留在宮內「晝夜宣淫」，一年後生下光緒。慈禧不敢養在宮中，命醇親王代爲養育，接著將史某滅口。光緒比同治低一輩，慈禧違反立子不立弟的常規，或許因爲光緒是她的親生兒子。

慈禧和太監安德海、李蓮英有私的傳聞，在史書中查尋不到足夠的證據。李蓮英在入宮前，因爲生活落魄，曾私販硝磺，外號「皮硝李」。後販硝磺被抓入獄，出獄後以補鞋爲生。好友沈蘭玉見他可憐，將他引進宮裏當了太監。李蓮英素有「篦小李」之美譽，以一手漂亮的梳頭功夫得到那拉氏的賞識。他的值班房離西太后住所不遠，有時太后到他屋裏看一下，李便把慈禧坐過的八張椅子全部包上黃布，西太后果然稱許他忠誠細心，對他愈加信任。

康熙末年規定太監品秩最高爲五品，最低者八品；乾隆七年改爲「不得超過四品，永爲定例」。慈禧執政時，打破祖制，賞李蓮英爲二品。多年來，慈禧對李蓮英寵眷不衰，二人常在一起並坐聽戲，凡李蓮英喜歡吃的東西，慈禧多在膳食中爲他留下來。李蓮英爲人極爲聰敏，善解人意，對待其他人也很和善，不如安德海那樣氣焰囂張，所以能夠得到善終。

但安德海、李蓮英與慈禧的之間曖昧即使有，也不可能發生實際的性關係。因爲若他倆沒淨身乾淨，是假太監，這事是瞞不了所有人的。在清朝對太監的檢查尤其嚴格，當太監後隔年還得接受慎刑司驗身。

陽湖人管劬安性好遊蕩，每日與一幫狐朋狗友不是賭錢就是嫖妓。他的父親是個小賈賣人，不久家業就被兒子吃空。管劬安長得風流英俊，且工詩善畫，精通音律，常作靡靡之音，其父因兒子不學好，就將他逐出。

管劬安流落到京城。正好如意館招考畫工，管劬安應試得了第一，遂入館供奉。內廷太監時常至館中要畫，管劬安善於逢迎，極意結納太監，並與李蓮英交情極好。

慈禧召見管劬安，讓他繪畫。他的畫讓慈禧十分滿意，於是升爲如意館的首領。管劬安經常出入宮禁，爲慈禧演奏江南的淫靡之曲。慈禧大喜過望，賞賜不可勝數，並爲他置

家室。十餘年來，管劬安積財貲至數十萬。

後來管劬安老了，留起鬍鬚，就不常入宮了。

當其受寵時，沒有一天離開慈禧左右的，慈禧常以「吾兒」叫他，外人遂訛傳管劬安是慈禧的乾兒子。

四、伶人楊小樓

清亡後，溥儀爲拉攏人心，常賜福壽字，但有一人對他說，您的這些字中看不中用，得用錢收買人心，溥儀鬧了個大紅臉。

但在清朝未亡時，皇帝賜福壽字對大臣來說是一件很榮譽的事。慈禧規定，內外臣僚除了內廷供奉如上書房及內務府外，非官至二品，不得賜「福」字；非年至五十，不得賜「壽」字。儀徵人阮文達歸鄉後，將其住處題爲「福壽庭」，以紀念被恩賜福壽字的事。

慈禧好看戲，北京的許多戲班名角，如譚鑫培、孫菊仙、汪桂芬、楊小樓，先後都曾入宮演戲。慈禧晚年最愛楊小樓的戲，《清代聲色志》記載：楊小樓是著名武生俞菊生的得意弟子。俞菊生懇請某宦官爲楊小樓宣揚名聲，楊小樓於是獲得到宮廷內演戲獻藝的機會。

楊小樓每次入宮，必攜其小女兒同往。一天演完戲，慈禧特召楊小樓攜女入見。慈禧指著案上所陳的豬羊對楊小樓說：「這些都賜給你。」楊小樓跪在地上磕頭說：「奴才不敢領。」慈禧問何故，楊小樓說：「此些東西已蒙賞賜不少，家中無處存放，求老佛爺賞幾個字罷。」慈禧說：「你要什麼字？」楊小樓說：「求賞福壽字數幅，即感恩不盡。」說著又連連磕頭。

慈禧立命太監進紙墨，寫大福字大壽字數張賜給楊小樓，又將案上的豬羊等物一併賜給他，並說：「這些賞你小女孩吧。」楊小樓攜小女謝恩而出。

以前曾見過一個文化界有些地位的人，每至一處，求他寫字的不計其數，他所住的旅館房間掛滿了寫好或未寫好的字幅，現在想起來，求字真是討好有權勢地位的人的最好方法。

五、束腰

慈禧中等身材，但滿族婦女的鞋跟極高，花盆形狀，有的高達六英寸，因此顯得婷婷玉立。慈禧不是很高，但體形非常完美，步履輕快優雅，膚色稍帶橄欖色，眼眸漆黑靈動。

據I・T・赫德蘭《一個美國人眼中的晚清宮廷》：有清一代，漢族婦女纏足風氣愈演愈烈，但滿族婦女從不纏足，慈禧對纏足極為厭惡，反對纏足比任何人都來得堅決。宮

廷內部出現纏足是絕不被允許的。

有一個清朝駐外公使的夫人，她和她的兩個女兒住在歐洲，受到耳濡目染，都穿上了西方最流行的服飾。有一天，她對慈禧說：「因爲大清朝女人纏足，我們都成了全世界的笑料了。」

慈禧說：「我聽說洋人也有一個特殊的習慣。現在這兒既然沒有外人，我想看看外國女人是用什麼東西來束腰的？」那位婦女長得頗爲粗壯，便讓身材窈窕的女兒給慈禧展示一下。

小女孩可能久在歐洲，對清朝皇室說一不二的權威有些陌生，因此躊躇猶豫了好一會兒，慈禧很不悅地說：「莫非你不知我的要求就是命令？」

看完了小女孩的束腰，慈禧命宮女給那個小女孩送去一套滿族服裝，並同情地說：「洋人婦女受此等洋罪，真是可憐。她們用鐵條把自己的腰束起來，直到喘不過氣來，唉……」

第二天，小女孩沒有進宮，慈禧問她母親小女孩爲何沒來。駐外公使的夫人說：「她今天身體不舒服。」慈禧恍然大悟：「果然不出乎我的意料。束腰的帶子解下來之後，要恢復成原來的樣子，是得需要點兒時間。」

她好像以爲中國女人睡覺時要纏著腳，外國女人睡覺時，肯定也要束著腰。

六、畫像

美國人卡爾小姐曾爲慈禧繪了四幅肖像。光緒二十九年，美國駐華公使康格的夫人提議爲她畫像，並送往聖路易斯博覽會展覽時，慈禧十分驚訝。康格夫人向她做了一番遊說，說歐洲各國首腦的畫像都在那兒展出，其中包括大英帝國維多利亞女王的畫像，還說如果慈禧的畫像大量在海外流傳，也有利於糾正外人對她的錯誤印象。

慈禧十分迷信天時的吉凶，決定選閏五月二十日晚七時開畫。因當時照明條件很差，在晚上畫油畫顯然十分困難，侍奉慈禧的女官德齡想盡辦法婉轉地勸說慈禧。經過了許多關於中西畫法差異的解釋，慈禧遂決定在上午十時開畫。

對西洋油畫一無所知的慈禧在畫像之前，神情焦慮地提出了許多問題：爲什麼要坐著畫？別人可否替代？是否每天都穿一樣的衣服首飾等。

在正式畫像的那天，她叫人精心梳妝打扮一番，換上繡有紫色牡丹的朝服，披壽字嵌珠花披巾，頭戴玉蝴蝶和鮮花，手腕戴玉釧，雙手指甲戴著長長的金護套。

卡爾爲慈禧繪的第一幅油畫肖像，準備送到美國聖路易斯賽會展覽，因此慈禧興奮異常，親自擇定完工的日期。爲了把畫像送到外務部，她還專門修建了一條鐵路，而沒有讓人把她的畫像扛在肩上送到外務部，她認爲那樣像扛一具死屍。

在畫像完工那天，慈禧特意邀請外國駐京使節及夫人進西苑三海看畫像。這些洋人爲

討慈禧的歡心，無不稱讚畫工精美，卡爾也因此備得恩寵。以後，清廷派溥倫護送此畫赴美展覽。後來該畫贈予美國政府，現藏於華盛頓國家博物館內。

卡爾爲慈禧畫第二幅肖像時，慈禧改穿繡花藍色常服，頭上插了數枚茉莉花球。這幅像不同於其他三幅肖像之處是畫面上多了慈禧的兩隻愛犬。慈禧十分喜歡這幅畫，後來把它掛在自己的寢宮內，外人無法看見。這張畫像至今下落不明。卡爾爲慈禧繪的第三幅肖像油畫所繪慈禧穿冬季朝服，綴以明珠，藏在故宮博物院內。

卡爾爲慈禧畫像持續了八九個月，慈禧總是對一切都十分好奇，不停地問這問那，甚至很有耐心地穿著厚厚的盛裝坐在寶座上，讓畫家去描繪。然而畫肖像畢竟需要很長時間，慈禧便命女官德齡穿了她的袍子及首飾替她坐。而每逢畫臉部表情時，還必須慈禧親自坐在那裏。

七、紙牌

紙牌即今天的撲克，唐時稱爲葉子戲，最早產生於中國。李約瑟《中國科學技術史》中，將撲克的發明權歸於中國人。法國的學者萊麥撒也說：「歐洲人最初玩的紙牌，以形狀、圖式、大小以及數目，皆與中國人所用的相同，或亦爲蒙古輸入歐洲。」美國《紐約時報》橋牌專欄主編艾倫・特拉克斯特甚至有「中國是橋牌的故鄉」一說。有一名威尼斯

人在十三世紀將紙牌帶回了義大利。

《世物紀源》說：唐末時有葉子戲。據考證，發明「葉子戲」的是唐代張遂，因紙牌只有樹葉那麼大，故稱葉子戲。又：唐李撰出任賀州刺史，和妓女葉茂蓮在江中慢行，因戲骰子格，謂之葉子戲。

宋時紙牌獲得了極大的發展，趙匡胤還制有葉子戲宵夜圖，讓宮人習此藉以宵夜。《遼史》載：遼穆宗十九年正月朔日，穆宗大宴宮中，不受朝臣拜賀，吃飽喝足以後，和群臣玩葉子戲。

葉子戲在明代天啓年間又演化了一種新的遊戲：馬吊戲。

馬吊戲和葉子戲有許多相同的地方，玩法大同小異，都是紙做的。全副牌有四十張，分爲十萬貫、萬貫、索子、文錢四種花色。十萬貫、萬貫的牌面上畫有《水滸》好漢的人像，萬萬貫派給了宋江，意即非大盜不能大富。索子、文錢的牌面上畫索、錢圖形。明代還有《葉子譜》、《馬吊牌經》等專著。

到了清代，紙牌的種類繁多，包括葉子戲、馬吊戲、遊湖戲、麻雀戲、混江戲等多種。清代宮中的許多紙牌流傳了下來，保存至今。製作十分精巧、質地異常精良，包括人物、花鳥、故事、小說人物等種類。清代的帝后嬪妃和宮女、太監皆喜好紙牌，借此消磨漫長乏味的時光。清宮的《水滸》人物紙牌，每套一百二十張，上面繪人物圖像，邊角標

有萬萬貫、千萬貫等字樣。晚清時，西洋撲克也傳入宮廷。

小賭可以怡情，慈禧便極好玩紙牌。她曾召集諸王福晉、格格竟日玩麻雀戲不倦。慈禧晚年時，靜坐深宮無事，常以麻雀戲作消遣。慶親王奕劻遣自己的兩個女兒進宮入侍慈禧，每日挾數千金和太后打牌爲樂。

八、陪葬品

慈禧生前酷愛珍珠、瑪瑙、寶石、玉器、金銀器皿，死後棺內陪葬的珍寶價值白銀高達億兩。一九二八年六月，外號孫大麻子的河南軍閥孫殿英以剿匪爲名，深夜時直奔清東陵。工兵爆破墓室，炸開慈禧太后明樓下洞門裏的金剛牆，打通了進入地宮的通道，撞開石門後進入墓室。

慈禧棺內底部鋪金絲織寶珠錦褥，厚七寸，下面綴大小珍珠一萬多粒，紅光寶石八十五塊，白玉二百多塊，錦褥上有一層繡滿荷花的絲褥，上鋪五分重的珍珠二千四百粒。慈禧屍體上蓋一條織金的陀尼經被，明黃緞底，捻金織成，織有漢字陀羅尼經文二萬五千字，綴有八百多粒珍珠。頭上的鳳冠由無數珍珠寶石嵌成，其中僅一顆珍珠就價值白銀約一千至二千萬兩。

屍體周圍的大件珍寶有：九玲瓏寶塔、翠玉佛、翡翠西瓜、蟈蟈白菜、紅蘭寶石、祖母綠寶石、玉石、紅珊瑚樹等不計其數，均去向不明。慈禧太后的牙被撬開，口中所含的夜明珠，分開時是兩塊透明無光的珍珠，合攏時就是一個圓珠，射出一道綠色寒光，夜晚百步之內可以照見人頭，十分清晰。

盜陵案被報導後，舉世震驚，各地各界人士紛紛通電譴責，要求嚴懲凶首孫殿英，追回珍寶。蔣介石下令閻錫山查辦盜陵案。孫殿英將乾隆頸項朝珠中最大的兩顆朱紅朝珠送給戴笠，再托戴笠將一柄九龍寶劍送給國民政府領袖蔣介石；又將翡翠西瓜送給宋子文；將慈禧口中的夜明珠送給宋美齡，宋美齡將夜明珠綴在了繡花鞋上。

唯一敢對慈禧說不的清朝公主

在清宮裡，慈禧太后說一不二嗎？不，這只是一般性的傳說。是的，在大清朝，有一個公主敢於當面甚至當眾駁慈禧的面子，公然批評她的過失。

固倫榮壽公主（一八五四年至一九二四年），恭親王奕訢的長女。咸豐十一年，咸豐帝病逝，懿貴妃（慈禧太后）和恭親王發動「辛酉政變」。當慈禧獨攬政權時，為表達謝

意，封奕訢為議政王和軍機大臣等職位，也將他七歲的女兒接進宮中撫養，晉封為固倫榮壽公主。她是清代最後一位公主。

固倫榮壽公主性格沉靜、不苟言笑，即使面對權傾天下的慈禧，也不曾委曲求全的拍馬屁，是少數敢直接面諫慈禧的人物。榮壽公主沉靜低調，對慈禧一片忠心。皇宮是她從小生活的最熟悉的地方。在複雜的後宮中，她眼觀六路，處事公允，喜怒不形於色。除了討厭李蓮英，她跟宮裡的任何人都處得很好。

她是親王的女兒，慈禧的養女，熟知貴族和皇宮禮儀，王公大臣的夫人拜見慈禧太后，莫不先經過她的安排；就是外國使節的太太進宮，也需要她接待作陪。在宮內外享有極高的威望。

說起來，連慈禧太后也怕大公主三分。慈禧喜歡穿豔麗奢華的衣服，大公主看了就不高興，說話很直率很不中聽：這麼靡費做什麼？你不過是清朝的老婦人而已，還有心情打扮得妖妖豔豔的，給人家落話柄……一通嘮叨，慈禧太后怕了她，每次大公主來見，慈禧就挑一件相對樸實的衣服穿，妝也不敢化得太過分，珠寶首飾也不敢多戴。宮人都說大公主簡直像慈禧的媽。

有一次，太后偷偷做了一件極其華麗的袍子，是江南的工匠用織錦精工做成，花費不少銀兩。慈禧太后囑咐左右人說：「這事不要讓大公主知道。」誰知大公主還是知道了，

見到慈禧就不開心地嘮叨：「我對您老人家不好嗎？我天天都想著母親喜歡什麼，喜歡穿什麼，喜歡用什麼，喜歡吃什麼，然後告訴其他人，讓他們去辦來。母親可倒好，偷偷地做一件衣服來穿，叫別人知道，當我們娘倆是什麼人呢？……」說得慈禧太后趕緊轉移話題。等大公主一走，慈禧就埋怨左右人：「一定是有人去告訴大公主了，不然我怎麼會受她一通勸告！都怪你們，多嘴多舌的！」

如上故事看起來簡單，但其實值得探究。首先，榮壽公主決不是因為得寵撒嬌而讓慈禧有所懼怕。榮壽公主是因為自身過硬，還有一層，就是慈禧雖有專橫的一面，但也並不是一點道理也不講。面對榮壽公主講的那些道理，她本來可以利用權勢為自己開脫，甚至可以下一道懿旨將榮壽趕出宮去。但她沒有。慈禧在榮壽公主的義正辭嚴面前，服的是「義正」。

其實，在清宮中，慈禧所懼怕的還大有人在，比如說榮壽公主母族中的大學士瓜爾佳文祥等。這是我們所不知道的慈禧。

（本文摘自微博網誌：http://blog.sina.com.cn/s/blog_5f6e83250102v8bp.html）

太后的緋聞

孝莊太后再嫁疑案

明崇禎十五年，薊遼總督洪承疇在松山一戰中被清軍生俘。清太宗皇太極很欣賞他的才幹，派手下范文程等勸降。誰知洪承疇「延頸承刀，始終不屈」，以因絕食數日而奄奄待斃。皇太極實在無計可施。這天傍晚，洪承疇正在囚室內枯坐，忽聽門外叮噹一聲，進來了一個年輕美婦，嫋嫋婷婷的走近前來，一種異香撲入鼻中。

洪承疇仍不理會，只聽一句黃鶯般清脆的聲音：「此位是中朝洪經略否？」

洪承疇不由地抬頭，這美婦真是絕色，髻雲高擁，鬟鳳低垂，面如出水芙蓉，腰似迎風楊柳，一雙纖纖玉手，豐若有餘，柔若無骨，手中捧著一把玉壺。洪承疇正在胡思亂想，那美婦櫻口半開，輕輕的呼出將軍二字。洪承疇欲答不可，不答又不忍心，便輕輕的應了一聲。

美婦先把洪承疇被擄的情形問了一遍。隨後又問起他的家眷，知承疇上有老母，下有妻妾子女，她卻佯作悽惶的情狀，一雙俏眼盈著淚水。洪承疇也不由地酸楚起來。美婦隨即提起玉壺說：「將軍即便要死，難道就不能喝口水再成仁嗎？」洪承疇面對美人也已覺口渴，於是張開嘴，她「以壺承其唇」，一口一口給他餵下，喝了數口，才知是參湯。接著美婦便曉以大義，告訴他，滿清並不是要明室江山，今請將軍暫時降順，以主持和議，那時家也保了，國也報了，將來兩國議和，將軍在此回國皆可，豈不是兩全之計。洪承疇不由得連連應允。

這個美婦是誰？她就是皇太極的妃子、歷史上有名的清孝莊皇后。孝莊下嫁多爾袞爲有清一大疑案，野史傳說多有記載，但至今尚無定論。

孝莊后是蒙古科爾沁部貝勒寨桑的女兒，姓博爾濟吉特氏，十三歲嫁給皇太極爲妻。皇太極稱帝，國號清，奠都盛京，博爾濟吉特氏被封爲永福宮莊妃。莊妃深得清太宗的寵愛，不久生下一子，就是入關定鼎的世祖福臨。由於孝莊經常留意參預清廷的政治活動，她的才智很快脫穎而出。當重大變故發生時，往往可以牽一線而動全局。

崇德八年夏，清軍大戰松錦告捷後，國勢氣象日上。皇太極躊躇滿志，正籌劃下一步戰略，可惜天不假年，一次發了寒熱，病勢越來越重，醫藥都失去效果。不久皇太極去

世。

由於皇太極對皇位的繼承問題沒有留下明確的遺囑，於是在喪儀背後，新的皇位之爭，在兩黃、鑲紅、鑲藍四旗支持的皇太極長子豪格和兩白旗及多數諸王貝勒支持的皇太極十四弟多爾袞之間正悄悄展開。按照清太祖努爾哈赤規定的皇位繼承《汗諭》，由滿洲八旗貴族共議嗣君。

《清世祖實錄》載：這時「諸王兄弟，相爭爲亂，窺伺神器。」正、鑲兩黃旗將領盟誓，寧可死作一處，堅決要立皇子；而正、鑲兩白旗大臣誓死不立豪格，他們跪勸多爾袞立即即位。「汝不即立，莫非畏兩黃旗大臣乎？」「兩黃旗大臣願立皇子即位者，不過數人爾！我等親戚咸願王即大位也！」串連、遊說、盟舍、勸進，頻繁的活動，導致了雙方嚴重的對立。八月十四日，皇太極死後第五天，崇政殿諸王大會，彼此終於攤牌了！

這天大清早，兩黃旗大臣盟誓大清門前，命令本旗禁軍張弓戴甲，環立宮殿。會議開始之前，黃旗大臣索尼就提出：「先帝有皇子在，必立其一。」會議一開始，年高輩尊的代善首先發言：「豪格是先帝的長子，當承大統。」豪格見氣氛如此，料大位必囊中物，欲擒故縱，起身遜謝說：「福小德薄，非所堪當。」說完離開會場。

豪格一走，阿濟格、多鐸乘機勸多爾袞即位，年老的代善不願得罪銳氣方剛的多爾袞，態度騎牆地說：「睿王若允，我國之福，否則當立皇子。」兩黃旗大臣沉不住氣了，佩劍而前，說：「吾等屬食於帝，衣於帝，養育之恩與天同大，若不立帝之子，則寧死從帝於地下而已！」有人提出立代善，老頭子不願陷入漩渦，便說：「吾以帝兄，當時朝政，尚不預知，何可參於此議乎！」說完退場，阿濟格也跟隨而去。

兩黃旗大臣怒目相向，多鐸默無一言，會議眼看陷於僵局。然而關鍵時刻，多爾袞突然戲劇性地提出一個折中方案：立先帝九子福臨為帝，由他本人和鄭親王濟爾哈朗「左右輔政，共管八旗事務」。這一決定使兩黃旗大臣無話可說。因為他們打的是擁立皇子的旗號。而且兩黃旗天子親兵的地位保持不變，因此不再堅持立豪格，轉附多爾袞，劍拔弩張的氣氛頓時緩和。

祭祖禱天、集體盟誓，皇太子福臨即位，鄭親王濟爾哈朗與睿親王多爾袞攝政，以明年為順治元年。滿族帝基崩潰的危機竟以福臨的即位輕輕化解了。

大清順治元年，也是明崇禎帝十七年，這一年為明亡清興一大關鍵。這時北京已被李自成攻破，崇禎帝自盡，多爾袞奏請南征，率領八旗勁旅，蒙漢健兒，進圖中原。山海關守將吳三桂降清，多爾袞得以長驅直入，不久攻佔了北京。不久，福臨及莊妃由瀋陽啓鑾也到了北京。

莊妃雖然母以子貴，但她是聰明絕頂的人，自念孤兒寡婦，終究未安，不得不另外畫策。阿達禮碩托諸人暗勸多爾袞自立為君，由多爾袞舉發，經刑部訊實，立即正法。莊妃聞知，格外感激，於是傳出懿旨，令攝政王多爾袞便宜行事，不必避嫌。從此多爾袞隨意出入禁中，甚至有時就在大內住宿。

多爾袞對於皇位實際上是耿耿於懷的。雖然他控制了大清軍政大權，畢竟還是缺憾。只是由於他當年與豪格對峙，退而在諸王大會上倡立福臨，才難以出爾反爾，推翻前議。因此，在激烈動盪的戎馬生涯之餘，他的精神世界便陷入一種自相矛盾、懊悔愁苦、自怨自責的痛苦之中。他經常發怔忡之症，有一次他對人說：「若以我爲君，以今上居儲位，我何以有此病症！」隨著他功業的累進，他的權力欲愈益熾烈，到後來，這種像火一樣烤炙著他的心的欲望，竟使他做出可笑的舉動：偷用御用器皿、私造皇帝龍袍、對鏡自賞等等。

此時順治帝不過十餘齡，外事統由攝政王主持，內事都由太后處置。多爾袞生活放縱，肅親王豪格的福晉，生得如花似玉，與太后芳容不相上下。多爾袞便誣陷肅親王豪格言詞悖妄，審鞫後，將豪格幽禁在宗人府，豪格的福晉被日夜留住多爾袞府中。他還私役內府公匠，大修府第，廣徵美女，甚至向朝鮮搜求公主，得到後，又嫌公主不漂亮隨意丟棄。與多爾袞同居輔政王之位的濟爾哈朗，儘管一開始就很知趣地退避三舍，拱手將權力讓出，但終因附依過豪格的前怨夙恨，於順治四年被罷職，第二年又降爲郡王，排除在決策層之外。

多爾袞以高超的手腕，以兩白旗爲中堅，籠絡了以代善爲首的正白旗，安撫了鑲紅旗，分化了兩黃旗，打擊了兩藍旗。諸臣多次提出給皇帝延師典學，多爾袞都置之不理，有意讓福臨荒於教育，做一個傻皇帝，致使福臨十四歲親政時，不識漢字，諸臣奏章茫然不解。多爾袞命史官按帝王之制爲他撰寫起居注，並營建規模超逾帝王的府第。大軍調度、罰賞黜涉，一出己意，關內關外，只知有睿王一人。

孝莊在多爾袞的步步進逼下，只得以柔克剛，隱忍、退讓以委曲求全。她不斷給多爾袞戴高帽、加封號，不使多爾袞廢帝自立。順治元年十月，加封爲叔父攝政王，並建碑記功。旋又加封皇叔父攝政王。順治四年，停止多爾袞御前跪拜。多爾袞毫無拘忌，凡宮中什物及府庫財帛，可以隨意挪移。遇元旦或慶賀大禮，多爾袞與皇帝一起，接受文武百官跪拜。這才最大程度地滿足了多爾袞覬覦皇位的野心，化解了孝莊母子的危機。

多爾袞的福晉病亡，順治六年冬月，孝莊下嫁於多爾袞。多爾袞與孝莊生發出無數版本的傳聞和野史，成爲清初四大疑案之一的「太后下嫁」。後人曾有數句俚詞：「漢經學，晉清談，唐烏龜，宋鼻涕，清邋遢」即指此事。《東華錄》記載攝政王納豪格福晉事，不記載太后大婚，大概是乾隆時紀昀所刪。

順治七年十二月，多爾袞往喀喇城圍獵，忽得了一種喀血症，不久病逝，順治帝輟朝震悼。多爾袞柩車回到北京，順治親率文武百官，皆全身縞素，遠遠地到東直門五里外去

迎接。多爾袞被追尊爲「誠敬義皇帝」，照帝制喪葬。在外重葬多爾袞的煙幕下，順治卻悄悄地作了三件事：一是把多爾袞王府內的印信和檔案都收回宮內；二是收回皇權，凡重大事情一律報皇帝親自處理；三是賜死多爾袞的親哥哥英親王阿濟格。

順治八年正月，順治帝正式親政，許多大臣彈劾已故月餘的多爾袞。大略說他種種驕僭、悖逆情狀，並將他逼死豪格，誘納侄婦、私制帝服、藏匿御用珠寶等事皆列入。順治即宣布多爾袞「謀篡篡逆」等罪狀，削爵毀墓並撤去太廟牌位，籍沒家產，悉行追奪所得封典，將其黨羽凌遲處死，將其罪狀昭示中外。據載：多爾袞的屍體被「挖出來，用棍子打，又用鞭子抽，最後砍掉腦袋，暴屍示眾。」而孝莊卻不加以阻攔，而且，沒有孝莊的支持和同意，順治不會如此決然地翻雲覆雨，也不可能有如此過人的智慧和膽量。可見孝莊和多爾袞之間的所謂「愛情」，恐怕只是文學家們的戲說。

直到康熙二十六年二十五日，歷經三朝、七十五歲的孝莊才離開了人世。根據她的遺願，靈樞沒有運往盛京與皇太極合葬，而是暫安在京東清東陵。

據史書記載，孝莊之所以沒有與皇太極合葬，是因爲她病危時，曾對康熙皇帝說：「太宗文皇帝梓宮安奉已久，不可爲我輕動，況我心戀汝皇父及汝，不忍遠去，務於孝陵近地擇吉安厝，則我心無憾矣！」孝莊死後，梓官暫安奉殿長達三十八年之久，直到雍正三年才匆匆動工營建陵寢，而陵工倉促，不到一年就草草修就。或許康熙又感到，將祖母單獨安葬實在沒有這樣的先例，是件很棘手的事，於是他把這一難題留給了兒子雍正。

有的研究者認爲，孝莊遺囑中「不忍」云云，不過是一種托詞，其實是因爲下嫁多爾袞，無顏於黃泉下見本夫；也有人認爲，遺囑本身可能是一種宮廷精心設計的僞詞，爲下一步喪葬處置作鋪墊。

「太后下嫁攝政王」問題，是清史研究中一大疑案，至今史學界尚有爭議。持太后下嫁多爾袞觀點的人，大都以明朝遺臣張煌言所作的詩爲證據，張煌言有《建夷宮詞》影射太后下嫁：「上壽筋爲合巹尊，慈寧宮裏爛盈門；春官昨進新儀注，大禮恭逢太后婚。」慈寧宮是皇太后的居處，春官指禮部官員。這首詩的意思是說，慈寧宮裏張燈結綵喜氣洋洋。昨天禮部呈進了預先擬定的禮儀格式，因爲正遇上太后結婚典禮。《蒼水詩集》一出，「太后下嫁」一事彷彿得到了證實。

張煌言作詩時間大概是順治六、七年間，當時清宮的太后有兩位，一位是正宮孝端文皇后，當時年近五十，不可能嫁給三十多歲的多爾袞，另一位就是福臨的母親孝莊文皇后，她小於多爾袞兩歲，因此詩中所指的太后下嫁，只能是孝莊。然而，這畢竟還只是一種推測，因爲詩歌吟詠，是不能作爲可靠史證的。

學者孟森先生說：「不能據此孤證爲論定。」他認爲張煌言對清廷懷有成見，其詩不能作爲史實根據，帝后分葬在清代不乏其例。如果皇太后真的公開下嫁，那應該是轟動全

國的大舉動，不可能像老百姓家那麼簡單隨便，如真有其事，當時私人著述裏應該有所反映，清末民初有大量的前清私家著述印行問世，除了張煌言的詩之外，沒有什麼可以印證「太后」下嫁攝政王的史料，因而下嫁云云，是南明政權的傳聞而已。

舊時滿洲有這樣一種風俗：父死兒娶其庶母，兄死弟娶其嫂。由此，在清朝初期，兄弟之間、叔侄之間的妻妾互娶也就成了見怪不怪的事。清代自康熙開始，受漢化極深，對滿族原始資料之有違儒家傳統的地方，做了大量刪改和毀棄。康熙、雍正和乾隆都是篡改歷史的高手。清宮檔案沒有記載，並不等於事情沒有發生。

清亡後，民國教育部清理禮部檔案，發現存檔的曆科殿試策文中有「皇父攝政王」字樣，與「皇上」同格抬寫；後來清理大庫紅本檔案，發現順治四年之後，內外奏疏亦多稱「皇父」，與蔣良騏《東華錄》記載：順治八年二月己亥，順治詔書稱多爾袞「自稱皇父攝政王，親到皇宮內院」，而《清世祖實錄》卷五十三同處卻不見這一記載。《東華錄》是著名的清代資料長篇，可信度極高。《實錄》不載此事，很可能故意隱諱。多爾袞到內宮幹什麼？答案不難猜測。

但也有人認爲此事發生的可能性極大。順治十七年，乳母李氏病故，順治降諭禮部：「睿王攝政時，皇太后與朕分宮而居，每經累月方得一見，以致皇太后縈懷彌切。乳母竭盡心力，多方保護誘掖，皇太后眷念慈衷賴以寬慰。」這其中有許多疑問，母子之間爲何

「每經累月方得一見」？前邊那句「睿王攝政時」或許正是答案。

另外，朝鮮李朝實錄中有一段文字涉及「皇父」，很可玩味：

「順治六年二月壬寅，上曰：『清國諮文中有皇父攝政王之語，此何舉措？』金自點曰：『臣問於來使，則答曰今則去叔字，朝賀一事，與皇帝一體云。』鄭太和曰：『敕中雖無此語，似是已爲太上矣！』上曰：『然則二帝矣！』」

清廷使臣答朝鮮官員金自點那句話，含糊其辭，閃閃爍爍，正可說明其中有難言之隱，朝鮮大臣鄭太和已看出其中委曲，指出多爾袞已作了太上皇，那麼實際上就是說，多爾袞已經當了皇帝的父親，這跟說太后下嫁攝政王是一個意思。一九四六年，近代學者劉文興撰文《清初皇父攝政王多爾袞起居注跋》，其中寫道，宣統元年其父劉啓瑞任內閣侍讀學士，奉命收拾內閣大庫檔案的時候，「得順治時太后下嫁皇父攝政王詔」。如果此事屬實，或許可以爲孝莊下嫁之謎案劃上一個句號了。

孝莊文皇后陵寢的秘密

孝莊文皇后的陵寢——昭西陵，位於清東陵大紅門外東側。該陵坐北朝南，建築佈局由南往北依次為：下馬牌、神道碑亭、東西朝房、東西值班房、隆恩門、三座琉璃花門、東西燎爐、東西配殿、隆恩殿、陵寢門、台石五供、方城、明樓、寶城、寶頂，寶頂下為地宮。陵寢前東側建有製作祭品的神廚庫。

康熙二十六年（一六八七年），孝莊文皇后病死，遺命欲葬在孝陵附近，但按照祖制，孝莊文皇后應與皇太極合葬，因而只得在東陵建暫安奉殿。直至雍正二年（一七二四年），世宗以孝莊文皇后暫安以來國家昌盛，認為此地為風水寶地，故將暫安奉殿改為昭西陵，同年十二月初十日將孝莊文皇后葬入地宮，孝莊終於得以真正安歇了。

同清代其他皇后陵相比，昭西陵建築的規制非常獨特：一是其他陵園的隆恩殿均為歇山頂，而昭西陵隆恩殿是廡殿頂。其二，其他陵寢隆恩殿前僅一道門戶，而昭西陵卻建有兩道門，陵園也構築了內、外兩道圍牆。其三，陵前未開挖馬槽溝，未建三孔拱橋。

中國最早的女間諜西施

西施，原名夷光，春秋戰國時代浙江人。當時浙江苧蘿山下有兩個村，一為東村，一為西村。村中多數姓「施」，因為施夷光住在西村，所以人稱「西施」。傳說西施經常與女伴們在浦陽江邊浣紗，她那出水芙蓉般的容顏，被水裡的魚兒看到之後，都大為驚艷而沉入江底，因此有「沉魚」之說。與王昭君、貂蟬和楊貴妃並列為中國四大美女。二〇〇三年浙江省諸暨市並興建了西施殿加以紀念。

春秋吳越爭戰中，越國大敗，越王勾踐被俘往吳國。然而勾踐是個有心計的人，在

含辱求生的幽禁生活中，逐漸取得了吳王的同情，被准予回國。越王歸國後，修葺城池宮殿，以文種治民，以范蠡治軍旅，禮賢下士，敬老慈民。日懸熊膽在座側，每出入朝，必以舌舔苦膽，又令近臣出入的時候提醒他：「勾踐，你忘了會稽之恥麼？」

勾踐即應聲道：「不敢忘！」他冬常近冰，夏近火；以枯草爲床，爲的是激勵自己。當時因戰敗之後，越國人丁稀少，勾踐命國中壯丁勿娶老妻，老人不娶少婦。女子十七不嫁，男子二十不娶者，罪其父母；孕婦將產，申報官府，使醫生加意看護，生男賞賜一壺酒一條狗，生女賞賜一壺酒一頭豬。生子三人，官府養其二；生子二人，官養其一。民有死亡，親往哭弔。每逢出遊，常載飯菜於後車，遇見童子，即賜之飯菜。夫人衣服皆自織，與人民共勞同苦，七年不收租稅，食不加肉，衣不重彩。越國國力日漸強盛。此時越王欲報會稽敗衄之恥，石室見囚之辱，命范蠡尋美女送於吳王以亂其心志。

西施，名夷光，春秋戰國時期出生於浙江諸暨苧蘿村，天生麗質，因居處荒僻，家境清貧，常在這若耶溪邊浣紗度日。

一天范蠡信步而行，不覺行至一處地方，峰巒競秀，萬壑爭流，雲水環繞，溪山如畫。范蠡致身其間，如入仙鄉。不禁心曠神怡。忽見一道清溪，細流曲折，從山腳下面回繞而來。沿溪望去，桃李成林，松柏蒼翠，鬱鬱蔥蔥之中，似覺柴門隱約，竹籬依稀。

范蠡循著山麓，沿溪前進。行約數百步，一陣香風撲面吹來，范蠡聞了這股香氣，大爲驚異道：「此氣似蘭非蘭，其中帶有脂粉之香，芳澤之味，決非花香。」正在猜疑，看見一女子在溪邊浣紗，這陣香氣，正是微風飄蕩過來的。這女子目如秋水，顧盼生姿。

范蠡心口俱呆，暗中驚異道：「不想塵世之間，居然有此美女。」范蠡表明了身分，說明了來意，西施想不到自己一個鄉野弱女子，對國家前途竟是如此重要，於是慨然應允。

然而在日久接觸中，范蠡與西施產生了微妙的感情。一想到西施將來要被獻給吳王，范蠡陷入難以割捨的痛苦。他不知如何面對這一天。

這時的吳王，逸樂之心漸生，爲重建姑蘇台，而遍告列國，以求材木。范蠡對勾踐說：「臣聞將有奪人之心者，必先投人之好，夫差築台必得美材，王如採良木以奉吳，吳王必傾心悅我而不疑。」越王依計送高木二百餘株，令木工將材木雕琢妝飾後獻給吳王。並送上包括西施在內的美女五十餘。吳王大喜，令工匠重建姑蘇台。

台榭修成後，宏壯秀麗，高可望三百里，寬可容六千人，臺上雕梁畫棟，金玉藻飾，四圍盡植奇花異草，畜養珍禽怪獸，又引太湖水繞於台前，通舟往來，左有香水溪，右有百花洲，三秋九夏花香不絕。百姓晝夜做工，勞疲而死的不可勝數。吳王因勾踐恭順已極，命人加封越國東至句甬，西至檇李，南至姑蔑，北至平原。縱橫八百餘里的土地，完全皆歸越國。

范蠡與西施由於國難而聚首，又要爲了國難而分開，貴爲一國大夫，竟不能保住自己心愛的人，何日能重續舊好，只有無盡的期待。

卻說夫差望見西施，以爲神仙下降，魂魄俱醉。相國伍子胥進諫說：「臣聽說五音令人耳聾，五色令人目眩，因此桀以妺喜滅，紂以妲己亡；幽王以褒姒死，獻公以驪姬敗。自古喪身亡國，未有不由美女者。今越王進此美女，是想要大王沉湎怠政，自取敗亡。王請勿受此亡國之物。」

夫差說：「好色之心，人所皆同。勾踐得此美人不敢自用，進於寡人，即是盡忠於吳國之證，相國怎麼會疑他另有所圖？況桀、紂、幽王，皆亡國之主，豈可與寡人相比？相國身爲人臣，竟在朝廷之上面辱寡人，人臣之禮，豈應如是？孤偏要受了這兩個美人，命你看孤會不會亡國。」

從此，吳王每日都在姑蘇台縱樂，美女歌伎列於坐側。西施不論相貌歌舞都是諸妃之中最好的。

春光明媚的時候，西施領數十嬪妃在前，吳王與伯嚭、奚斯並隨於後，逢亭便宴，遇榭便歌，四顧百花妍媚，夫差親自折下最豔麗的一朵，插在西施的髮上：

「你若日夜立於萬葩叢下，孤不知花長得像你還是你長得像花？」

伯嚭說：「依臣看，西施比花可美多了！」夫差聽後十分高興，取酒賞賜伯嚭。

夏天到來的時候，吳王就駕一葉輕舟，上載樂器，與西施在香水溪賞蓮花。讓嬪妃們赤裸身體在溪內採蓮，西施與夫差撫掌而笑。笙簫迭奏，歌聲悠揚，自城南直至湖上。但見一片錦帆，接連不斷，使人目眩神迷，後人以其錦帆十分美麗，遂稱所過之地曰「錦帆涇」。

忽然一陣風吹來，西施酒喝多了，以手去採蓮，不慎掉進水裏。夫差急令嬪妃救起，親自扶入舟中：「卿之被溺，可稱得上落花隨水了！」然後令奚斯在香水溪內，方圓數丈，都砌上白玉石，另引清泉注入溪水。讓西施在泉內沐浴，沐浴後的粉痕凝水，泉水香馥撲鼻，久久不散，故此溪又稱爲「香水溪」。

吳王寵愛西施，惟恐其嬌豔如花，不禁風露，特建館娃宮於靈岩山，銅溝玉檻，飾以珠玉，鑲以七寶，爲美人遊息之所。秋高氣爽的時節，則攜西施登館娃宮，朝歌夜弦，宴賞不息。西施早晨梳妝則照池爲鏡，夫差並立在她身後，親自爲她撩髮施妝。對西施說：「以你的嬌妍，映在水裏，水也生媚。」

因西施舉動風流，行步之際衣袂飛揚，無異仙子，遂建築一廊，空其地底，下面悉用大甕鋪平，覆以厚板，上面雕鏤花紋，施以五彩，命西施漫步其上，步履錚錚有聲。夫差聽以爲快樂。因此稱其廊爲「響屧廊」。

冬天他們住在靈岩山的西施洞，每遇落霜的早晨，下雪的夜晚，夫差與西施穿著狐

裘，坐著車尋找梅花，直走到崎嶇險道，車跡不能通過的地方，才欣然返回。

西施常言心痛，每一痛時，必捧心蹙額，顰眉而啼，愈形嬌媚。夫差見其如此，覺得帶露嬌花，濺水芙蕖，亦無此豔麗。所以西施心痛一次，夫差的寵愛愈深一層。其他妃嬪見西施心痛蹙額，吳王更加憐愛，以爲王愛心痛蹙額之容，遂效其所爲，人人皆作心痛之狀。每逢吳王車駕返宮，一齊顰眉蹙額，以冀寵幸。

哪知吳王見了他們這種形態，反覺醜陋，含笑說道：「西施心痛，顰眉蹙額，自有一種令人可憐之態，汝等效顰，不能得其萬一，孤視之，愈覺不堪，直所謂西施捧心，東施效之，益形其醜也。」

眾嬪妃聽到這些話，人人自愧，默默而退。後人因稱學人所爲者，謂之「東施效顰」。

吳王對西施的寵愛到了無以復加的地步。西施愛食鮮魚，御廚所進的魚，西施嫌其不鮮，連筷子都不願舉，吳王命築養魚城，城通太湖，使其水時來時去，保持魚的新鮮。西施又喜食鴨，其鴨必餵以香料拌米，併入脂油，養至碩大無朋，吃起來才可口。吳王就築鴨城以畜鴨。

西施又好食嫩雞，雞必擇肥嫩潔白的。吳王就造雞陂，畜雞以供西施食用。西施愛飲女貞酒，其酒出於浙江紹興，吳王命越國每年貢獻，以備西施之用。不料貢獻之酒遠道而

來，更在江中經過風浪顛簸，至吳之時，啓罈視之，皆已混濁，不堪爲美人飲料。吳王又築酒城，仿女貞酒之製法，釀酒以供西施飲用。

吳王爲西施避暑，起夫役十萬人，赴洞庭建造宮殿。發全國丁壯，盡赴工役。材料不足，則拆取現成百姓房屋。始則嫌民居仄狹，材料不堪應用，僅拆寺院以充之。繼則拆民間富室的高堂大廈，終則小戶人家的湫溢之居，亦拆取無遺。百姓苦工終日，卻沒有一方居處。弄得國中百姓，叫苦連天，頓足怨恨，耕種悉廢，機杼無聞，死亡流離，不堪寓目。

總之，夫差自從有了西施後，一年四季，完全荒於處理政事。他說：「孤得西施，如魚得水，此生願終老溫柔鄉矣。」有時登臨姑蘇台，有時宴賞館娃宮，弦歌不絕，樂而忘返。所謂酒不醉人人自醉。

伍子胥的入諫，吳王全不理會。子胥獨自嘆氣說：「吳之末，如桀紂之世，安能不亡乎？」遂稱疾不出。後來伍子胥因屢拂吳王之意，吳王賜以金鏤劍，命其自盡。

越王又說越國連年受災，要用銀錢購買吳國糧食，使得吳國儲糧銳減。勾踐即以買來的糧食頒賜國中之貧民，百姓無不頌德。次年，越國糧食豐收，勾踐選擇粒大飽滿的黍，蒸後給了吳國。吳王還感動地說：「越王真信人也。」又見其穀粗大異常，對伯嚭說：「越國土地肥沃，種子優良，可給我國百姓種植。」於是國中都用越粟，但因爲是蒸熟的

種子，所以秋天顆粒無收，吳民大饑。夫差還以爲土地不同的緣故，卻不知粟已蒸熟。

越王得知吳國國力已盡，精銳又在伐齊，乘虛而入，率十萬精兵，打過邊界，直攻吳都。因勾踐志在雪恥，與范蠡、文種養兵練將已十餘年。而且百姓自願出征者三萬人，合兵雖只有十五萬，然而皆有爲國報仇的決心，遂一以當百連戰連捷。而吳王夫差卻一味荒淫，百姓怨苦，軍士疲勞，如今加上顆粟無收，士兵饑困疲乏沒有鬥志。越兵以逸待勞，個個如出山猛虎，殺得吳兵丟盔卸甲。

夫差無奈，只得派伯嚭前去越營請降。然而越王勾踐有前車之鑒，決不允降。伯嚭見狀不妙，收拾細軟，潛自逃遁。夫差知大勢已去，勢孤力單，仰天長嘆，道：「寡人不誅勾踐，忘先王之仇，爲不孝之子，此天之所以棄吳也。吾殺忠臣伍子胥，今自殺晚矣！」謂左右道：「吾死而有知，何面目見子胥於地下，必重羅三幅，以掩吾面。」說完自刎而死。

越王滅了吳國，十年之仇已報，然而次日卻不見了范蠡與西施。原來范蠡已攜西施共乘一葉扁舟，泛遊太湖，二人相親相愛，飄泊而去。從此他們隱姓埋名，遨遊五湖，過著惟江上之清風與山間之明月，耳得之而爲聲，目遇之而成色的逍遙生活，專致唱隨之樂，不再縈心於人世間的恩怨是非。

很久以後，在山東出現了一位巨富，叫陶朱公，他有萬貫家財，妻子也美豔如花，這位陶朱公就是范蠡，他的妻子就是西施。

文種得范蠡留下的書信。書信寫：「飛鳥盡，良弓藏。敵國既破，謀臣即亡，蠡思每每及此，是以棄名利於富貴之場，樂輪竿於江海之上。越王爲人，長頸鳥喙，忍辱妒功，可與共患難，不可與共安樂。同僚誼重，敢不盡布，惟子明鑒，乞早圖之。」

文種讀罷嘆息說：「范蠡誠高世之士，吾不及也！」然而終不能捨棄富貴，內心矛盾之下，即日稱病不朝。最終被勾踐所殺。

西施與楊貴妃、王昭君、貂嬋爲中國古代四大美女，其中西施居首，是美的化身和代名詞。但關於西施下落眾說不一。

（一）西施沉海說。勾踐滅吳後，他的夫人偷偷地叫人騙出西施，將石頭綁在西施身上，爾後沉入大海。從此沿海的泥沙中便有了一種似人舌的文蛤，大家都說這是西施的舌頭，所以稱它爲「西施舌」。著名作家郁達夫在福建時，亦稱讚長樂「西施舌」是閩菜中最佳的一種神品。《墨子・親士》說：「是故比干之殪，其抗也；孟賁之殺，其勇也；西施之沈，其美也；吳起之裂，其事也。」《吳越春秋・逸篇》也說：「越浮西施於江，令隨鴟夷而終。」其意蓋謂伍子胥在鴟夷之器，盛屍而投江中，今西施亦自投江，故言隨鴟夷而去也。後人不知此意，以爲范蠡使人迎西施於姑蘇台，有隱居五湖，與美人共乘一舸，遁入煙水深處的誤會。

（二）西施隨范蠡隱居說。東漢袁康《越絕書》記載，吳亡後，「西施復歸范蠡，同泛五湖而去。」明代胡應麟《少室山房筆叢》也有類似說法，以爲西施原是范蠡的情人或妻子，吳國覆亡後，范蠡帶著西施隱居起來。李白《西施》詩：「一破夫差國，千秋竟不還。」也認爲西施跟隨范蠡隱居。只是《國語・越語》和《史記・越王勾踐世家》記載范蠡退隱的事甚詳，而沒有提及西施。

（三）不慎落水而卒。善良的人們並不希望西施這位無辜的弱女子有個悲慘結局，於是找出初唐詩人宋之問《浣紗》詩：「一朝還舊都，靚妝尋若耶；鳥驚入松蘿，魚沉畏荷花」爲依據，認爲吳亡後西施回到故鄉，在一次浣紗時，不慎落水而死。此說似乎最理想，可是最缺乏證據。

（四）被吳人所殺。傳說吳王自刎而死時；吳人把一腔怒火都發洩在西施身上，用錦緞將她層層裹住，沉在揚子江心。據《東坡異物志》載：「揚子江有美人魚，又稱西施魚，一日數易其色，肉細味美，婦人食之，可增媚態，據云係西施沉江後幻化而成。」

但也有人認爲西施是歷史虛構的人物，其人是不存在的。依據是記載春秋歷史最詳細、最古老的文獻，如《左傳》、《國語》等，都隻字未提西施其人。《國語・越語上》描述吳越爭鬥的過程，只是說「勾踐女女於王，大夫女女於大夫，士女女於士。」還說越國飾美女八人去賂太宰，太宰如果幫助越國成功，「又有美・於此者將進之」，根本沒有提到西施。

《莊子・齊物論》中記有西施，卻是夏時人，與吳越相爭中的西施不相關。另一種意見認爲，西施確有其人。其文獻根據是《孟子》、《淮南子》、《越絕書》、《吳越春秋》等，諸書都說她本是苧蘿山下賣薪女（或說浣紗女），天生麗質。勾踐把她選入宮後，學習舞蹈禮樂，接受美人計後到吳國。她身在吳國心在越，終於完成計謀，使吳亡而越興。

歷史上對越王勾踐的忍辱負重，臥薪嚐膽總讚譽備至，而對西施的下落則語焉不詳，毀譽不定。唐代羅有詩：「家國興亡自有時，吳人何苦怨西施；西施若解傾吳國，越國亡來又爲誰。」算是一句公道話。

今天位於諸暨城南苧蘿山麓的西施故里，唐朝時就建有浣紗廟，一九八六年重修，建築群包括西施殿、鄭旦亭、古月臺等。浣紗江畔，有西施浣紗處，臨江岩石上有王羲之所書「浣紗」二字。

跟西施有關的詩詞

西施越溪女，出自苧蘿山。
秀色掩古今，荷花羞玉顏。
浣紗弄碧水，自與清波閒。
皓齒信難開，沉吟碧雲間。
勾踐征絕艷，揚蛾入吳關。
提攜館娃宮，杳渺詎可攀。

——唐・李白

艷色天下重，西施寧久微？
朝為越溪女，暮作吳宮妃。
賤日豈殊眾？貴來方悟稀。
邀人專脂粉，不自著羅衣。
君寵益嬌態，君憐無是非。

當時浣紗伴，莫得同車歸。
持謝鄰家子，效顰安可希？
——唐・王維

曾愁香結破顏遲，
今見妖紅委地時。
若是有情爭不哭，
夜來風雨葬西施。
——唐・韓偓

最毒婦人心

尼祿之母阿格麗皮娜

尼祿（三十七～六十八），古羅馬皇帝，以暴虐、荒淫著名。曾殺死父母、妻子及師長。西元六十四年羅馬城遭大火，他有唆使縱火之嫌。在位期間，各地民眾起義不斷爆發，又為近衛軍及元老院所唾棄，日暮途窮之下，自殺身亡。

古羅馬未來的皇帝尼祿在某一天的下午心情十分恐懼不安。他想起了他的母親、皇后阿格麗皮娜那種神秘的微笑——他的美豔的母親微笑著把一包白色的粉末塞進了他胸口的袋子裏。他一直沒有能夠忘記，母親那個時候微笑著的嘴唇裏似乎很甜蜜溫柔的話語：

「乖！記著把這個慢性毒藥放在你弟弟的藥裏。」

阿格麗皮娜微笑著……

阿格麗皮娜，這個有著無窮無盡野心和精力的女性，身世顯赫。他的父親就是赫赫有名的奧古斯都忠實的妻子利維婭與她前夫所生之子，而阿格麗皮娜的母親則是奧古斯都的孫女，

在這樣一個近親繁殖的家族裏，阿格麗皮娜從小即受到權力、金錢、欲望這些觀念的深厚影響，不到二十歲已經有了掌控權力的野心。而且她有著天仙般美麗的姿色，善於勾引異性。她和幾位兄長一直生活在當時的皇帝提比略的陰影下，她的兩位兄長因爲有威脅到提比略地位和權力的可能，都被處死，阿格麗皮娜年輕時即懂得了，在這個皇室大家族中最安全的自我保護措施就是，不斷地排除異己，攫取權力中心。除此之外，不可能消極躲避，以苟且偷生。於是，阿格麗皮娜憑藉著顯赫的身世和美貌的姿容，開始了其走向權力中心的不歸之路。

西元廿八年，阿格麗皮娜嫁給杜米提烏爲妻，這是一個懦弱的王公子弟，根本無法滿足阿格麗皮娜在政治上的瘋狂追求和不竭的野心。兩人的婚姻並不幸福，阿格麗皮娜在外到處招蜂引蝶，攀附那些可能有著政治前途的貴族大公，杜米提烏後來患病死去，阿格麗皮娜和他生有一子，那是在結婚五年之後，兩人之間惟一可以維繫名存實亡的婚姻的紐

帶。

那個兒子被取名爲尼祿，年輕的僅有廿三歲的母親興奮地爲兒子占卜未來。她請了一位當時很有名的占星術士，迫不及待地等待尚在繈褓的兒子能給她帶來政治上的好運。那位占星術士對這個小生命凝神端詳好久，然後一字一頓地說：「你兒子將會成爲未來的皇帝，但你將被他殺死！」阿格麗皮娜先是高興不已，但很快大驚失色，她有些失望，兒子將給她帶來政治上的平步青雲，但她自己可能終將自食惡果，她似乎是下了很大決心，然後對那位占星術士堅定地說：

「假如我的兒子真將成爲未來帝國的皇帝，我寧願被他殺死！」

那位占星術士被面前這個女人的那種堅毅和狠毒所震懾，後來他到處流傳這樣一個消息：「他看到了阿格麗皮娜不可思議的神秘微笑，那種讓人冷到骨子裏的微笑……」據說那位占星術士在不久之後的某夜被嚇死了，原因不明。

就在尼祿出生前不久，皇帝提比略很奇怪地去世，壓在阿格麗皮娜兄妹頭上的陰影似乎一下子消失了，阿格麗皮娜的的第三個哥哥在權力角逐中登上帝位。阿格麗皮娜在丈夫杜米提烏病死之後，又開始了尋找另一個政治靠山的行程，這一次，她暗暗發了個毒誓：「一定要找準對象，不論付出任何代價。」她盯上了自己登上皇帝寶座的兄長，開始和皇帝密切接觸，試圖成爲哥哥的情人。

這簡直不可思議。

但是，在那樣一個皇室大家族裏，兄妹亂倫是很常見的，爲了政治上權力的壟斷和集中，他們往往近親聯姻。不過，阿格麗皮娜這次沒有成功，哥哥並不領情。阿格麗皮娜大受刺激，她不得不採取一些狠毒的手段了。不久，冷酷的阿格麗皮娜策劃了一場暗殺兄長的行動，但事情敗露了，阿格麗皮娜被流放。不過，她的皇帝兄長也沒得到多久的政治生命，西元四十一年，阿格麗皮娜的伯父克勞狄展開一場暗殺行動，將自己的侄子殺死，親自當上了帝國最高統治者。靠著別人的說情，克勞狄赦免了阿格麗皮娜的罪過。

當阿格麗皮娜從流放地返回首都時，她覺得非常疲倦，甚而有些厭倦皇室成員內部的毫無止境的權力競爭。但殘酷的現實不允許她休息一小會，權力角逐之路根本不可能中斷，除非是死亡的來臨。這一次，她把希望真正寄託在兒子身上，渴望他能夠榮登帝位，在她年老之時可以安度晚年，這樣，她在政治生涯的旅途中也逐漸接近了那個占星術士的預言。

阿格麗皮娜先是憑著風韻猶存的美貌，嫁給了一個有錢的富翁，爲兒子尼祿的政治努力積累了豐厚的金錢。然後，稱著自己的伯父克勞狄喪妻之時，有意引誘，並迫使元老院承認伯父和侄女之間的婚姻並不傷及風化。西元四十九年，阿格麗皮娜終於成爲了皇后，抵達了政治生涯中的一個新的轉捩點。下一步，她就要考慮自己兒子，或者毋寧說是自己

的君王之夢了。

在阿格麗皮娜的政治計畫之中，尼祿年僅十三歲便被迫舉行了成人儀式，以便很快和克勞狄的親生女兒締結婚姻，鞏固政治資本。在阿格麗皮娜的慫恿之下，年老的克勞狄還收尼祿爲養子。在這些計畫都成功之後，擺在阿格麗皮娜母子面前的絆腳石只有一個了，那就是克勞狄的親生兒子布力坦尼克，因爲按照皇位繼承的慣例，布力坦尼克很自然地將成爲合法的繼承人，而且布力坦尼克一向表現很好，克勞狄沒有任何拒絕親生兒子將來繼承自己權力的理由。

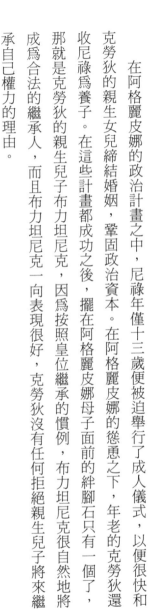

就在年老的克勞狄對收養尼祿表現出一些後悔時，阿格麗皮娜先下手爲強，決定殺死尼祿的競爭對手、他的弟弟布力坦尼克，於是就出現了我們上文一開始描寫的那一幕。在毒殺布力坦尼克成功之後，阿格麗皮娜再次教唆兒子用毒蘑菇殺掉了自己年老的丈夫克勞狄。終於，十七歲的尼祿在他的老師、當時羅馬最重要的作家塞涅卡和近衛軍長官布魯斯的扶助下，順利繼承帝位。由於尼祿年幼，帝國的實際統治權力並不掌握在他手中，而是他的母親阿格麗皮娜。

隨著尼祿的長大，他和母親之間的權力爭奪越來越強烈，占星術士的預言一步步走近阿格麗皮娜。阿格麗皮娜揚言要廢除兒子的皇位，兒子也不甘示弱，憑藉老師塞涅卡在羅馬的影響與母親相抗衡，阿格麗皮娜對此無可奈何。她很後悔當初的選擇，但這條不歸路

還得走下去，於是她在巨大的失落之下，想到了用自己的美貌來控制兒子，尼祿在無可奈何之下，也產生了弒母的念頭。

最終，阿格麗皮娜的命運被占星術士不幸言中，結束了權力追逐之旅。她最終安靜地躺在羅馬的大地上，看著自己的兒子逐漸敗壞著帝國的名聲，被歷史無窮無盡的書寫。

她不再微笑。

《荷馬史詩》中的英雄

邁錫尼國王阿伽門農

德國考古學家施萊曼於十九世紀七〇年代帶著他的考古工作小組，興沖沖來到了古代曾經湮沒的邁錫尼文明遺址，他懷揣一本古代盲詩人荷馬的《伊利亞特》，在希臘南部的一座陡峭的小山上瘋瘋癲癲地尋找荷馬詩史中描繪的邁錫尼國王阿伽門農的墓地，已好幾天了，收穫甚微，他苦惱地在一處柱形墳墓周圍轉來轉去，不停地念叨著：「阿伽門農……阿伽門農……」

不知道多少天之後，施萊曼面對考古學界，激動地宣布了他的重大發現：

他找到了邁錫尼國王阿伽門農的乾屍，屍體面部覆蓋一個金色面具，小心揭開那個面具之後，他「眼睜睜地看到了阿伽門農的面孔……」

「阿伽門農面具」使世人的關注點又回到了幾千年前的那場特洛伊大戰：特洛亞王子帕里斯到希臘作客，拐走了斯巴達王后海倫，爲了奪回海倫，希臘各部落聯合起來，以邁錫尼國王阿伽門農爲統帥，動員了十萬大軍，一千條戰船，渡過愛琴海，向小亞細亞的特洛亞發動進攻。兩國打了十年，雙方死傷無數，到了第十年，阿伽門農和阿凱亞部族中最勇猛的首領阿喀琉斯爲爭奪女奴發生爭端，致使希臘軍屢屢失利。特洛伊主將赫克托耳率軍大舉進攻，連連獲勝。後來，奧德修斯設計製造一具大木馬，內藏希臘士兵，誘使敵人拖入特洛伊城內，裏應外合攻下特洛亞城。

當阿伽門農凱歌高奏、班師回國之際，他的妻子克里泰·姆妮斯特拉卻私通情人，等待阿伽門農的是一場情殺。

據說「國王毫無疑慮地走進宮殿的浴室裏，解下鎧甲，放下武器，脫掉衣服，躺在澡盆裏。突然，兩名殺手從隱藏的地方跳出來，用一張網套住他，然後用刀將他殺死，因爲浴室在地下的密室裏，沒有人能聽到他的呼救聲」，一代國王沒有死在戰場，留給後人無盡的感嘆。

由於荷馬史詩的吟唱和讚頌，阿伽門農的事蹟千百年來被人們反覆詠嘆，至今還難以忘懷。「阿伽門農面具」的發現再次挑起了人們的興奮點。

在希臘的邁錫尼地方，考古學家也曾發現古代巨大陵墓和巨石建築的城址和石獅，陵

墓裏還發現死者所穿戴的華麗的服裝和金銀首飾，以及裝在死者面上的黃金面具和精美的青銅兵器。這些發現證明有關古代邁錫尼的霸主阿伽門農的傳說，也許有歷史根據的。

皇帝、女王，都是這麼火辣

作者：徐永亮
出版者：風雲時代出版股份有限公司
出版所：風雲時代出版股份有限公司
地址：105台北市民生東路五段178號7樓之3
風雲書網：http://www.eastbooks.com.tw
官方部落格：http://eastbooks.pixnet.net/blog
Facebook：http://www.facebook.com/h7560949
信箱：h7560949@ms15.hinet.net
郵撥帳號：12043291
服務專線：(02)27560949
傳真專線：(02)27653799
執行主編：朱墨菲
美術編輯：吳宗潔
法律顧問：永然法律事務所 李永然律師
北辰著作權事務所 蕭雄淋律師
版權授權：北京樂土文化藝術有限公司

初版日期：2015年2月
ISBN ：978-986-352-131-0

總 經 銷：成信文化事業股份有限公司
地　　址：新北市新店區中正路四維巷二弄2號4樓
電　　話：(02)2219-2080

行政院新聞局局版台業字第3595號 營利事業統一編號22759935

國 家 圖 書 館 出 版 品 預 行 編 目 資 料

皇帝、女王,都是這麼火辣 ／ 徐永亮著.-- 初版.
臺北市：風雲時代，2014.12 -- 面；公分

ISBN 78-986-352-131-0（平裝）

1. 世界史 2. 帝王 3. 通俗史話

711　　103024578

原價：280元
限量特惠價：199元